「ひとり老後」の楽しみ方

保坂　隆　監修

PHP文庫

○本表紙図柄＝ロゼッタ・ストーン（大英博物館蔵）
○本表紙デザイン＋紋章＝上田晃郷

はじめに

ふと、まわりを見まわして、「ひとり暮らしの人がよく目につく」と感じたことはないだろうか。

人は、たいてい家族と暮らしているというのが、これまでの日本社会の通念だった。だが、その通念はもはや古いのかもしれない。

すでに、日本では単身世帯が家族世帯を上回り、いまや「ひとり暮らし国家」といってもいい状況になっている。

なかでも急速に増えているのが、ひとり暮らしシニア、つまりひとり暮らしの高齢者だ。

平成二十年版『高齢社会白書』によれば、現在、高齢者（六十五歳以上）のうち、男性の約十人に一人、女性は約五人に一人はひとり暮らしである。しかも、今後もこの傾向は加速するばかりという。

女性のほうが寿命が長いこともあるのか、男性の多くは「自分は妻に看取《みと》ってもらう」、つまり、人生の最後までひとり暮らしとは無縁だと思い込んでいる人が少なくないようだが、それは甘いのではないだろうか。

非婚のままシングルライフを重ねていく男性は、これからも増えるだろうし、「定年退職の日、妻が差し出したのは離婚届だった」という、予期せぬ熟年離婚が待ち受けている可能性もどんどん高くなっていく。ひとり暮らしシニアになる可能性は女性にも男性にも等しくある、ということだ。

非婚や離婚が増えているのだから当たり前なのだが、ひとり暮らしシニアは誰もが老後に経験する、ありきたりのライフスタイルになるといえるかもしれない。

ひとり暮らしの老後というと、これまでは「介護をしてくれる人がいない」とか「孤独死」という、うら寂しいイメージがつきものだった。

だが、このイメージももう古い。

ひとり暮らしをするシニアの四人のうち三人は、「日常生活に満足している」と答えているのだ。

ひとり暮らしは寂しい反面、このうえなく自由で風通しがいい。その風通しのよさはこたえられない。

誰に気がねなく、文句をいわれることもなく、好きな生き方・暮らし方を楽しめる日々は、最高に心地いいものだ。

人間は生まれるときもひとり、死んでいくときもひとり。家族や親しい人に囲まれて死の床についていようが、死んでいくのは自分ひとりである。こう考えてくると、ひとり暮らしは、人本来のあり方といっても過言ではない。

だったら、ひとり暮らしをわびしいとか、つらいものと思わずに、「せっかくのひとり暮らしだ。めいっぱい楽しもう」とポジティブに考えてはどうだろう。

最近、「ひとり暮らしの本」がたくさん出版されている。そのほとんどは、ひとり暮らしの不安や問題点をクローズアップした構成になっている。

だが、本書ではまったく反対に、「ひとり暮らしを大いに楽しむ」ことに焦点を当てている。

もちろん、ひとり暮らしをスムースに進めるためのいろいろな情報、支援が必要になった場合はどうするかという実用的な情報もふんだんに集めてあることはいうまでもない。

なぜなら、ひとり暮らしには備えが必要だからである。

さらに、ひとり暮らしとは、孤立することではないと考えた。むしろ、これからのひとり暮らしシニアは、社会にしっかり組み込まれ、人と人、人と社会のネットワークの中で生きていく姿勢が求められるだろう。

こうした発想の人が増えれば、ひとり暮らしのシニアを支えるシステムはきめ細かになり、もっと心強い味方になっていくはずだ。

じつは、高齢者のうつの多くは、「孤立感」が原因になっていると考えられる。ひとり暮らしであれば、いっそう周囲と融和しながら生きる姿勢が大切なのである。

情報的に孤立することも、避けなければいけない。必要とするサービスもシステムも必ずあるはず。ないというのは探し方が足りないか、見当ちがいの方面を探していると思われる。

本書では、ひとり暮らしのシニアのために、まず毎日を思いきり楽しんで生きるための発想のヒントをまとめてみた。

さらに、ひとり暮らしシニアを支えるさまざまな方法や情報をできるだけ収集し、詳しく紹介していく。

なお、法的、金銭関係の情報は編集部の協力を得た。

これらの生活術や情報を駆使して、人生の終盤にやっと手にした、誰にも邪魔されない日々を徹底的に楽しんでみよう。

「終わりよければ、すべてよし」

人生もまた、同じではないだろうか。

平成二十四年六月

保坂　隆

「ひとり老後」の楽しみ方　もくじ

第一章　「ひとり老後」の楽しみ方

第二章　究極のわがままライフを満喫する

第三章　ひとりだからこそ大切にしたい人づき合い

第四章　簡単！　快適！　ひとり暮らし生活術

第五章　損をしない賢いお金の使い方

第六章　病気や介護の準備を忘れない

編集協力　幸運社／菅原佳子／斉藤みゆき／友楽社

・本書掲載の情報は、二〇一二年六月現在のものです。

第一章 「ひとり老後」の楽しみ方

❖ひとり暮らしで幸せな人生を歩む

内閣府では毎年、家族関係などのテーマで『国民生活選好度調査』を実施している。結婚や離婚のテーマを扱ったのは平成十六年度での調査だが、その段階で結婚観には、これまでとは異なる動きが生まれていた。

「結婚することには多くの夢がある」という未婚層の回答が、平成十三年よりも明らかに減っていたのである。「結婚することには多くの夢がある」という質問に対して、平成十三年では「そう思う」が五七・三％。ところが、平成十七年では、五〇・九％に減っている。

結婚とは、配偶者や子どもなど、誰かと一緒に暮らすことを意味する。そうした暮らしは、「あまり夢があるとはいえない」「楽しいとは思えない」、そう回答する人がじわじわと増えているというわけだ。

反対に、ひとり暮らしを支持する人は、はっきりと増える傾向にある。

同じ調査によれば、平成十七年には、離婚を肯定する人が増える傾向にあり、とくに女性では、離婚を肯定する人が離婚を否定する人を上回ったのだ。

「自分の生き方を大切にしたい」

という人がそれだけ多くなってきているといえるだろう。

二〇〇五年、シニアコミュニケーションが五十～六十代の夫婦に行なった調査がある。今後、熟年離婚が増えると実感している人は、五十代女性で七五％、六十代女性では七二％という驚くべき数字になっている。

熟年ミセスどうしがお茶を飲みながらの話題で最も盛り上がるのは、「夫が亡くなってひとりになったら、ああしたい、こうしたい」ということだそうだ。

断っておくが、もちろん熟年離婚を推奨するわけではない。ひとり暮らしはけっして恐れるものでも、そう悪いものでもないらしいという価値観を身につけていたほうがいい、といっているだけである。

夫も妻もどちらも、「ひとり暮らしだって平気です」と、ひとり暮らしを前向きに受け入れる姿勢があるほうが、二人暮らしもよりうまくいくはずだ。

誰かにもたれかからなければ暮らしていけない人よりも、ひとり暮らしのできる人のほうが成熟度はずっと高い。そして、成熟度の高い人どうしのほうが、二人の暮らしが心地よいことは、あらためていうまでもないだろう。

熟年女性がひとり暮らしに憧《あこが》れているのは、夫が邪魔だったり、お荷物と感じる度合いが強いからにちがいない。それだけ、女性のほうが成熟しているともいえるだろう。

男性が仕事にばかり追われているうちに、女性はしっかり自分の人生を自分の軌道で歩き始めてしまっているのだ。

男性も、まず心身ともにひとり暮らしを確立しよう。ひとり暮らしの老後にはもちろん、二人暮らしの老後も、たがいに自立していることが大前提になる。

これだけは、はじめにしっかりと申し上げておきたい。

◈二十四時間「後家楽」ライフ

「ひとり暮らしとナントカは、三日やったらやめられない」と豪語しているMさんという女性がいる。

Mさんは、二人の息子がそれぞれ結婚して家を出ていってすぐに夫を亡くした。夫がガンとわかったときはもう手遅れ。看病できたのは一カ月足らず。彼女は六十歳になってほどなく、未亡人になってしまったのだ。

さすがにそのときは呆然《ぼうぜん》とした。彼女がひとりになったころは、年金制度もまだ余裕があり、未亡人には夫の厚生年金の八割が支給された。古いながらも持ち家もあったから、生活基盤はしっかり確保できた。

やがて、ひとり暮らしにも慣れてきたのか、毎日好きなようにできる暮らしに満足している自分に気がついた。

若いころは子育てに追われ、それからはパートだ、姑の介護だと、考えてみたら結婚以来三十年以上、一日二十四時間を好きなように過ごしたことなどなかったのだ。

もう誰にも遠慮や気づかいなしでいい暮らしになった。これが極楽でなくて、何が極楽かといいたくなる。

最近の女性は、夫に先立たれた友達がうらやましくてしょうがないそうだが、彼女も、夫がいる友達に会うたびに、「うらやましい、うらやましい」を連発される。

昔の人も、彼女のような状態を「後家楽《ごけらく》」と呼んでおり、老後のひとり暮らしは女性にとってうらやましいライフスタイルとされていたという。つまり、ひとりの老後は、もともと「人もうらやむ暮らし方」だったのだ。

男性だって同じである。これまでは、男性のひとり暮らしは、家事を自分でやらなければならず、想像しただけで気が沈むものだった。だが、最近は洗濯機や掃除機、食器洗浄機があり、家事負担はとても軽くなってきた。

ひとりならば、何時に帰ろうと、酒を飲もうと、たらふく食べようと、めくじらを立てて文句をいう人はいない。とにかく得たお金は、すべて自分の好きに使っていい……。

家族を養うだけ稼ぎ続けるのは、かなりしんどいことだ。このしんどさから解放されて、自分のお金を自分のためだけに使う。これは、世の男性の見果てぬ夢の一つなのかもしれない。男性のひとり暮らしシニアがけっこう満足そうに生活しているのも、大いに理解できるではないか。

つまり、男にとっても女にとっても、ひとりの老後は想像以上に満たされた日々になる可能性があるといえるのである。

❖「ひとり力」が、あなたを救う

それでも世の中にはまだ、「ひとり暮らしなんですよ」と聞くと、気の毒そうな顔をする人がいる。「お寂しいでしょう」とか、「何かとご不自由でしょう」という人もいる。

どうも日本人は、ひとり暮らしを不幸せなものと決めつける傾向が強すぎるのではないか。ひとり暮らしは寂しいとか、心細いだろうと思っていると、いつまでたってもワンパターンの発想から抜けきれない。

もちろん、どんなことも、よい面と悪い面がある。自由の裏側にも責任がついている。ひとりで何でもできる自由と引き換えに、起こったこと、行なったことの責任はすべて自分でとらなければならないという厳しい現実がある。

しかし、逆にいえば、ひとり暮らしを経験すると、自分の判断にきちんと責任をとる姿勢が生まれてくる。

「結婚相手としては、ひとり暮らしの経験がある人がいい」という人がいる。あらためて考えてみると、ある意味、これは的を射た言葉である。

もちろん、他人と調和して暮らすのは素晴らしいことだが、大人の人間としてはそれ以前に、ひとりできちんと責任をとって生きていくことが求められるのだ。

そうした力、いわば「ひとり力」を身につけるために、日本も欧米のように、自分で収入を得るようになったら、ひとりで暮らすのが当たり前という社会を目指すべきだと思う。

非婚なら非婚でもいい。だが、シングルのまま四十歳前後になっても人（親）に依存しながら生活するのはやはりおかしい。こういう人に限って、会社でもひとりではランチに行かず、誰かを誘いたがる。もちろん、映画を見たり外食をするときも、ひとりは苦手だ。

まず、ランチタイムをひとりで過ごすことから、ひとり暮らしの練習を始めよう。次はひとりディナー、ひとり旅と、しだいにひとりの行動半径を広げていく。そして、最後は生活そのものの独立を目指すのだ。

こうして若いときにひとり暮らしを経験しておけば、シニアになって何らかの事情でひとり暮らしになっても、「ああ、またあの限りなく自由な日々が始まるのだ」と、むしろ気持ちは浮き立ってくると思う。

ひとり暮らしシニアの本音をいえば、「二人暮らしのシニアを見て、うらやましいと思うことはない」という人が大半だ。それどころか、「いくつになっても夫の世話をしなければならない妻にも、リタイアして自分を持てあましながら、妻の冷たい視線や無関心に耐えて暮らしている夫にも、心の底から同情してしまう」という気持ちを持っている人も多いようだ。

二人で暮らすなら、よほど心が通じ合っていることが大原則だ。だが、人間関係の賞味期限もいつかは切れる。

長年連れ添っていると、いつのまにか賞味期限が切れ、求め合う気持ちはとうの昔に失ってしまった、というケースが圧倒的に多いようなのだ。

賞味期限切れの二人が摩擦《まさつ》なく暮らす秘訣は、それぞれがひとり暮らし感覚で暮らすことだ、といってもいい。

ひとり暮らし体験、あるいはひとり暮らし感覚を身につけておくことは、どんな状況でも心地よく暮らしていくための基本条件になるということである。

❖男を磨く暮らし方

Yさんは、五十代半ばで仕事をあっさりやめてしまった。それまで住んでいた都心のマンションが意外なほど高い家賃で貸せることがわかったからだ。そこを賃貸にして、思い切って北アルプスの麓《ふもと》に小さな一戸建てを借りて移り住むことにした。

さらに、若い日には経済的に果たせなかった大学生活に飛び込み、人生を再スタートさせたのだ。入学試験のハードルが高かったので、まず通信教育を受けることにし、二年経ったところで第二部（夜間）に編入。現在は自称「大学生ごっこ」を満喫している。

専門は国文で、卒論のテーマは「山頭火」。年をとるにつれ、山頭火の飄々《ひょうひょう》としているようで、じつは厳しい生き方に強く心を引かれるようになったのだ。

だが、ここで紹介したいのは、Yさんの大学生活ではない。そこで出会った「最高にかっこいい男性」の話である。

通信学部では、自宅学習だけでなく、単位取得のために一定の期間、スクーリング（実際に大学に通っての対面授業）を受けるようになっている。

Yさんが初めてスクーリングに行ったときのことだ。六十代に手が届く彼は、自分が最高年齢にちがいないと思い込んでいたのだが、とんでもなかった。最高年齢はなんと八十近い男性だった。ほかにも、七十代の人が二、三人、白髪頭で教室に座っていた。

その八十近い男性は、真っ赤なスポーツカータイプの車をさっそうと乗りこなし、身のこなしもシャープ。頭も冴《さ》えていて、新鮮な感覚のレポートを書き上げては、同級生をアッといわせる、そんな人だった。

関西在住のこの男性は、子どもが巣立ったあとに奥さんを亡くし、ひとり暮らしになってしばらくしてから大学生活を始めた。そして卒業すると、また新しく専攻科に入り直した。これを何回か繰り返し、すでに十年以上、通信学部に在籍しているという。

若いころに起業した会社を小さいながら安定した企業に育てあげ、現在はご子息が経営していて、自分は文字どおり悠々自適の日々を送っているというわけである。

大学に来るときは、信州地区のイベントや観光スポット、グルメスポットをあれこれ調べあげ、そうしたところに若い同級生を案内してくれる。どこも若者でも支払える程度の予算で楽しめるところを選んであり、それも心憎い。

彼にとって、同級生におごるくらいは何でもないだろうが、それでは友達感覚でつき合えない。長くつき合い続けるためには、できるだけ同等の立場でつき合うほうがいい。彼は、そうした人間関係の細やかなところにも気を配ることを忘れない。

この男性のかっこいい生き方を見るにつけ、Yさんはひとり暮らしの奥の深さに引き込まれていき、新しい地でのひとり暮らしに自信と大きな期待を持てるようになったという。

ひとり暮らしには、このように人を魅力的に磨いていく効用もあるのだ。

◈二人の「孤独」と、ひとりの「自立」

「ひとりは寂しいでしょう?」という言葉を発する人は、ひとりで暮らすことを想像すらできない人間依存症かもしれない。

ひとりでご飯を食べるのは寂しい。ひとりでテレビを見るのは寂しい。いつもそばに人の気配がしていないと寂しいと決めつける。じつは、こういう人は往々にして、自分の存在が他の人の負担になったり、ときには神経にさわっていることに気がついていない。人間関係に音痴の人も少なくないようだ。

おそらく、いつも自分本意にふるまっているのだろう。だから、誰かと一緒にいることが気持ちの負担にならないだけなのだ。

ワンマン亭主や、反対にダンナさんをお尻に敷いている妻は、日頃から自分のいいたい放題を通している。長い間、そういう関係を続けているうちに、心はまったく通じないまま、誰かと一緒にいることにどんどん鈍感になってしまったのだ。だから、会話らしい会話もなく、心が触れ合うこともめったにないまま、二人で暮らすことに違和感がなくなっている。

普通の神経なら、こんな人間関係はとても耐えがたいはずだが、長年連れ添った夫婦は「こんなものだろう」と諦め、なんとか折り合いをつけて暮らしている。

もちろん、当人どうしがそれで問題がないのだから、いっこうにかまわないのだが、なぜか、ひとり暮らしに一種の偏見を持ち、口を開けば、「ひとりでは寂しいでしょう?」などと口を出すのだ。

ひとり暮らしをどのように思おうと、それも当人の自由だ。でも、ひとり暮らしの人に、「寂しいでしょう」とか「心細いでしょう」などというのは、無神経を通り越して、自分の人間性の浅さを白状しているだけではないだろうか。

少なくとも、ひとり暮らしの人は、夫婦が背中を向け合い、よそよそしく暮らしている様子を感知しても、「お二人で背を向け合っているのは寂しいでしょう?」などと無神経なことはけっしていわない。

人が寂しいかどうかは、ひとりであるか二人でいるかということとは本質的には関係ない。ひとり暮らしでも、自立し自分と向き合って伸びやかに暮らしていれば、寂しさは忍び寄ってはこないものだ。心が通い合う友達を持ち、ときどきそうした友達と楽しい時間を共有できれば、寂しいどころか、最高に満ち足りた生き方だと満足することもできる。

ひとりでいる充実感と、背中を向け合いながら二人で暮らす生き方。どちらが心に冷たい風が吹いているかは、いうまでもないだろう。

「ひとりでは寂しいでしょう?」とすぐに口に出してしまう人は、自分こそ心寂しい日々を過ごしているのかもしれない。

❖妥協しない快適空間を手に入れる

ひとり暮らしの老後を心地よく過ごすには、住まいをできるだけ自分の気に入ったものにしたい。

高齢になると、自宅で過ごす時間が圧倒的に長くなる。老後の生活の舞台は自宅だといい切ってもいいくらいだ。その舞台をできる限り、自分の気に入るように整えるのだ。

できれば安全性の高いバリアフリーにし、トイレや浴室も安全性に配慮した設計にリフォームできれば、いうことはない。

家具や調度品も自分の気に入ったものだけを揃え、それらを好きなようにレイアウトし、そこにいれば何とも心地よく上機嫌になる、そんな空間を確保するようにしたい。

老後でも、年金暮らしでも、家賃は若い人と同じ。高齢者割引制度などはない。だから現役中に、できるだけ家賃のかからない自分の家を確保しておきたい。

Nさんは贅沢をしなければなんとか年金でやっていける程度のひとり暮らしシニア。骨董《こっとう》好きだったNさんは、定年退職したときに親の代からの古い家に必要最小限度の補強とリフォームを行ない、たった一つの贅沢として、昔からほしいと思っていた江戸時代の船簞笥《ふなだんす》を購入した。

どっしりと重みがあり、時代を感じさせる船簞笥の存在感はさすがで、リビングの中心アイテムにすると、それだけで落ち着いた雰囲気になった。それからは、神社の境内などあちこちで開かれる骨董市をのぞいては、その部屋に合う小物などの掘り出し物を探して揃えていくのを楽しみにしている。

店主との値切り交渉も、大いに楽しんでいる。予算は限られているから、たっぷりある時間を生かして、足しげく通ってコツコツ探す。その結果、予算の割に気に入ったインテリアがしだいに完成に近づいている。

いまでは、その部屋で腰をおろし、ひとりでゆっくりとお茶を飲むひとときが至福の時間だと目を細めているのだ。

贅沢をする必要はないが、妥協はしないをモットーに自分の城をつくりあげていくのはひとり暮らしシニアならではの大きな楽しみの一つではないだろうか。

◈公営住宅で安心老後を確保する

マイホームがないならば、それを逆手にとって、公営住宅に応募し続けるという方法がある。最近は、自治体が建設している公共住宅に高齢者枠が用意されているところも増えているし、公団住宅の空き家募集にも高齢者枠がある場合が少なくない。

公営の高齢者専用住宅もある。こうした住宅では、家の中で住人の活動が鈍くなると、部屋に取りつけられたセンサーがそれを感知する仕組みになっていることが多い。たとえば、トイレ近くにセンサーが設置してあり、半日から一日、そのセンサーが働かなければ、管理人室のアラーム灯が点灯するなどして、トイレも使用できないような事態が起こったのではないかと知らせるのだ。

このようなケースでは、管理人が電話連絡をしたり、ドアをたたき、それでも反応がないときには部屋に入ってよい決まりになっている。

こうして、万一病気で倒れたり、大きなケガをしたような場合も、誰かが発見し、必要な対策をとってくれるから、ひとり暮らしの不安や心細さは緩和される。

また、一階にデイケアセンターや飲食店を入れて、希望すればそこで食事をとれる、というようなシステムが整備されているところもある。

こうした公営住宅に応募するには、「自宅を保有していないこと」という条件がついている場合が多い。つまり、マイホームを所有していないことがかえってメリットになるケースもあるわけだ。

もちろん、家賃は必要だが、高齢者の経済状態を考慮し、民間の同種の住宅よりはずっと低家賃に設定されているところが多い。だから応募できる年齢になったら、片っ端からどんどん応募することをおすすめしておきたい。

❖自分流のライフサイクルをつくる

ひとり暮らしのいいところは限りなく自由なところだろう。これは正真正銘の本音だが、うっかりすると、この百パーセントの自由が暮らしを限りなくだらしないものにしてしまうケースがあるから要注意だ。

朝起きてもぼんやりテレビの前に座ったまま、なかなか腰をあげない。ふと気がつくとすでにお昼近い。だが、まだ寝ているときと同じ服装だったりする。

こうしただらしない生活をすると、まちがいなく自分自身に嫌気がさすようになる。やがて気持ちに張りがなくなり、さらにぼんやり暮らすようになってしまうのだ。

こんな事態になることを避けるためにも、毎日の生活時間に決まりをつけよう。朝起きる時間をおおよそ決めておき、起きたらすぐに着替え、三十分から一時間程度、散歩をする。帰ってきたら、コンビニで買ってきたパンと牛乳ではなく、ちゃんと朝食をつくって食卓に腰をおろして食べるというように、自分なりの決まりをつくっておく。

無精ひげという言葉もあるくらいだから、男性は毎日ひげを剃って、すっきりした顔にしておく。

女性なら、簡単でいいから、朝のうちにメイクもすませる。

さらに、昼食は何時、夕食は何時と時間を決めておく。もちろん、お腹の減り具合によって調整してよい。こうして、だいたいでいいから時間割りを決めておくと、一日の暮らしにそれなりのリズムが生まれるのである。

週に一度か二度は、電車やバスに乗って出かける先をつくることも大切だ。こうしたことは一種の社会的な行動になるからだ。

若いころにやっていた趣味の習い事を再開したり、自治体が主催する勉強会などに参加してみるのもよいだろう。

ひとり暮らしシニアのIさんは、寝る前に必ず明日の予定を書き出すようにしているという。

といっても、行かなければならないところは、毎月一回通っているホームドクターのところぐらいなのだが、だからこそ、あえて翌日の予定を考え出すのである。

手帳を前に「明日は何をしよう」と考える。そうだ、久しぶりに博物館をのぞいてみるのもいいかもしれない。そう思いついたら、すぐにインターネットで近隣の美術館や博物館でやっている展覧会を調べ、興味が持てるところに予定を絞り込む。

新聞や週刊誌の「イベント情報」コーナーにも目を通し、「これ、面白そうだな」と思うものがあったら出かけるようにする。

上野の博物館で○○展を見るという明日のメインテーマが決まれば、あとはおまけの楽しみを見つけてプラスする。これで、一日はさらに充実したものになる。

「お昼は浅草まで足をのばして、天ぷらでも食べるか」

ここまで決まると、家を出るだいたいの時間も決まり、一日がどんどん動き始める。こんなふうにして、だらけた一日をなくしていくわけだ。

もちろん、毎日上野や浅草に出かけなさい、というつもりはない。財布にバス代ぐらいだけを入れて、近所の商店街を丹念に歩いてみることも立派な予定のうちに入る。フットワークを重くしない。これがひとり暮らしを単調にしないためのコツなのだ。

一日一日の生活に表情をつけるためにも、予定を書き込む手帳かカレンダーを持つようにするといい。

❖「ひとりイベント」を開催する！

ひとり暮らしの達人といえば、海洋冒険家の白石康次郎さんの存在を忘れてはならないだろう。

白石さんの専門はヨット。鎌倉育ちの彼は、子どものころ毎日のように大海原を見て遊んでいた。そのうちに、水平線の向こうにもさらに海が続いていることを知り、その海の向こうにはいろいろな国があることを知る。

彼はそんな大海原をどこまでも進んで世界一周する夢を抱き、動力を何も使わず、風の力だけで進んでいくヨットに自分の夢を託す。おまけに単独航海にこだわっている。

そして、ヨットによる単独無寄港世界一周の最年少（当時）記録を樹立。その後、単独で世界一周する「ファイブ・オーシャンズ」という、世界のヨットマン憧れのヨットレースに出場し、日本人では過去最高の世界第二位でみごとゴールしたという人だ。

ヨットに乗って単独で世界一周する期間はおよそ半年。この間、まったくひとりで、小さなヨットの中で暮らす。嵐が来ても凪《なぎ》になっても（無風状態ではヨットはまったく進まないので、凪はヨットにとっては地獄）、たったひとりでヨットを操縦し続けるしかない。

そんな日々を楽しんで乗り切るために、白石さんが実行しているのは、イベントを大事にすることだという。

クリスマスにはヨットのキャビンをきらきら光るモールで飾り、正月になれば小さな獅子舞いの飾り物を取り出し、雑煮もつくる。誕生日には簡単にケーキを焼いて、年の数だけとはいかないが、キャンドルも灯してフッと吹き消す、という具合にやるのである。

こう書くと何でもないことのようだが、じつはヨットに積み込める荷物の総量には厳しい制限があり、不要なものは紙切れ一枚だって積み込まないようにするものなのだ。

そんな厳しい重量制限をやりくりしても、イベントを大事にする。白石さんにいわせると、これが毎日だらだらせず、マンネリにも陥らずに暮らす秘訣だという。

白石さんにならって、ひとり暮らしのシニアも、年中行事を大事に暮らすように心がけてはどうだろう。正月は小さな松飾りやミニおせちなどで祝い、二月は豆まき。三月の雛祭りは、テレビの上に小さな内裏雛《だいりびな》を飾り、テーブルに桃の花を飾る。四月には菜の花、五月は折り紙のかぶとなどで季節を楽しむ。これだけでも十分に心は華やぐものだ。

誕生日には、ちゃんと着飾って、ちょっと贅沢なレストランでひとりディナーを楽しむのもいいだろう。最近は、おひとりさまを歓迎してくれるレストランも増えている。

ふだんよりワンランク上の席で、オペラや歌舞伎を鑑賞するのもおすすめだ。自分から自分へのプレゼントも用意すれば、ひとりバースデーだって、けっこう盛り上がるものである。

❖毎日、必ず誰かとナマの声で会話をする

人間はコミュニケーションをする動物だ。ひとり暮らしでも、日々のコミュニケーションを欠かしてはいけない。

「ひとり暮らしだとボケやすい」という人がいるが、ひとり暮らしかどうかで差が出るというデータはない。ただ、コミュニケーションの機会を積極的に持つようにしておかないとリアクションが鈍くなり、認知症にまちがえられてしまう可能性は大いにありそうだ。

ひとり暮らしでは、ラジオやテレビを絶えずつけっぱなしにしている人が多いようだ。こうして人の声を聞いていると何となく気がまぎれてしまうのだが、いうまでもなく、ラジオやテレビでは、一方的に流れてくる情報を受けとめるだけ。こちらから言葉を発することはできないため、本当のコミュニケーションにはならない。

そこで、できるだけナマの人間とのコミュニケーションの機会をつくるようにしよう。

「だから、スーパーでなく、八百屋や魚屋で会話しながら買うようにしている」というのは、ひとり暮らし歴の長いRさんだ。

「これ、何という魚？　どうやって食べるのがいちばんおいしいの？」

最近は新顔野菜や新顔魚が並んでいることも珍しくないので、会話の糸口はたいていこんなところから。

「今日はいい陽気ねえ」といえば、相手も「店に立っているのが本当に楽になりましたよ」と明るい声が返ってくる。

ただし、会話はせいぜいこのあたりで打ち切るのがいい。自分では、ちょっと話し足りないな、もう少し話していたいというあたりでストップするのがコツなのだ。

そうでないと、「一度話しだしたらとまらない、おしゃべりなお客」という印象を持たれて、やがて遠ざけられるようになってしまう。

最近はシニアでもメールをする人が増えているが、ひとり暮らしならば、メールよりも電話がいい。ちょっとした用件を話すだけでも、ナマの人の声は人間的な温かさを届けてくれるからである。

ただし、相手が仕事を持っているなど、連絡のタイミングに気をつかわなければならない人には、「ちょっと連絡したいことがあります。手がすいたときに電話くださいね」とメールをすればいい。

電話は、必要以上に長話にならないように注意しよう。電話は自分の時間も相手の時間も奪うものだ。ほどほどの時間だけ会話を楽しみ、温まった気持ちで、ひとりの時間に向き合うと、その時間がさらに充実したものになるということも覚えておこう。

電話のそばに時計を置いておき、会話時間をチェックする習慣をつけると、だらだら長電話のクセを修正できるはずだ。

❖ネット検索が、あなたの生活を変える

ひとり暮らしに限らず、老後は誰にとっても未経験であり、人生の新しいステージ。おまけに学生時代や仕事をしていたころとちがい、毎日のように顔を合わせる親しい人間は少ない。つまり、「〇〇したいんだけど、こういう場合はどうすればいいのだ？」というように、軽く相談することができない暮らしになっていくのだ。

そうした新しい人生のステージに必要なもの、それはパソコンやケータイから

インターネット検索し、情報を得るテクニックだ。

インターネットで検索すれば、たいていのことはかなり詳しくわかる時代である。ひとりでいても、インターネットに「相談」すれば、たいていの悩みや不安の答えはすぐに見つかる。あるいは、相談する先の見当がつく。これだけでも、安心度はかなりちがう。

インターネットで情報検索というと、若い人の領域のように思い込んでいる人もいるが、インターネットが本当に必要なのは、むしろ情報と距離ができやすいシニア世代、とくにひとり暮らしシニアだといっても過言ではないだろう。

具体的に情報が得られると、そこから視界が開けてくる。もっと詳しい情報がほしい場合は、リンクされている情報を次々と開いていき、これぞと思う情報を見つけていく。あとは行動を起こすだけだ。

パソコンを初めて買うなら、設定はメカに強い知人や業者に頼んでもいいだろう。最近は、自治体もシニア向けのパソコン教室を開催しているところが多い。こうした機会を見つけて初歩的な使い方を習う。この教室に通う目的はもう一つある。ここでパソコン仲間をつくっておくことだ。

初心者コースを終えたあとは、この仲間と情報交換しながら、だんだんにパソコンを使いこなしていけばいい。

子どもなど若い世代と接点のあるパソコン仲間は、「子どもに聞いたらねえ」などといいながら、次々と便利なやり方を教えてくれたりする。じつはプロのインストラクターに習うより、仲間から教えてもらうほうがわかりやすいことも多いものだ。

いまやシニアでもケータイを持たない人のほうが少ないくらいだろう。

そして、最近はケータイのインターネットサイトも、パソコンのインターネットサイトに負けないくらい充実している。それを活用しないのは、まさに宝の持ちぐされ。ケータイ電話を買ったショップで、ネットの検索方法を教えてもらおう。

あとは「習うより慣れよ」である。思いつくままに片っ端から検索しているうちに、気がつけば自在にインターネットを使いこなせるようになっているはずだ。

第二章　究極のわがままライフを満喫する

❖小さな命がくれる生きるパワー

ひとり暮らしでは当たり前のことだが、家の中に自分以外の誰もいない。暮らしが単調になりやすく、それが心の動きの単調さにもつながりやすい。

そんな日々に気合を入れてくれるのは、何といっても命の営みだ。ひとり暮らしならば、ぜひ命との同居、共存共栄をおすすめしたい。

イヌやネコなどのペットを飼う人も多いが、ペットを飼うときには、ペットの寿命を考え、その命の終わりまでちゃんと責任を持てるかどうかを見きわめなければならない。

イヌやネコの寿命は十数年。いまの自分の年齢にそれを足し、イヌなら最後まで散歩につき合えるかどうかも検討する必要がある。大型犬に引きずられて骨折、という事故もけっして少なくないというから、それなりの覚悟をして飼うべきだ。

しかし、小さな鉢植えやベランダでできる程度の園芸ならば、そんな覚悟をしなくても、気楽に同居生活を始められる。それも苗を買ってくるのではなく、できれば種から栽培を始めてみよう。真っ黒な土の上に小さな緑の芽がどんどん芽生えてくる。それを見ただけで、胸が熱くなるくらい感動するものだ。

やがて双葉になって、そのうちぐんぐん伸び始める。葉を広げ、花が咲いていく……。じっと観察していると命のみずみずしさに心が洗われ、すがすがしい気持ちになっている自分に気づいたりする。

ミニトマトやサラダ菜、ハッカダイコンなどのミニ野菜なら、プランターが二、三個あれば、ひとり暮らしには十分なくらいの収穫も楽しめる。大きめの植木鉢にハーブを寄せ植えするのも楽しいだろう。毎朝のサラダに、ベランダで摘み立てのバジルを散らす。ミントの葉をちょんちょんとつまんでハーブティーを楽しむ。摘み取るとき、ちょっとかわいそうになるが、二、三日もすると、再び青々と新しい葉を広げてくれる。

食べられる植物でなくてもいい。去年のクリスマスに衝動的に買った小さなポインセチアを、今年のクリスマス用に育ててみる。窓辺に置けるぐらいの小さなサボテンも一年経つと、それなりに大きくなっている。「そのうち二鉢に分けてみようか」などと考えるだけで、命のエネルギーを受け取れるのだ。

庭があれば、カタツムリや小鳥なども寄ってくる。秋になれば、虫の声も聞けるだろう。小さな命との同居生活は、自然の豊かさ、時間の大きな力を実感させてくれるものだ。

❖「ひとり買い物」快適術

最近は、デパートやスーパーで熟年のカップルをよく見かけるようになった。威風堂々の奥さんの後ろから、リタイア前はそれなりの仕事をしていたとおぼしきご主人が従っている。ほしいものに手を出して、奥さんに、「今日はそれはいらないの！」なんてぴしゃりといわれてションボリしている姿を見ると、思わずふき出しそうになる。

それでも、たくさん買い物をして荷物が重い日だけは、荷物持ちを従えている人がうらやましく見えたりもするのだから、人間、勝手なものだ。

だが、ひとりで買い物に行く快適さを覚えてしまうと、荷物が重くなったら配送サービスを使えばいいと考えるようになってくる。

ひとり暮らしの醍醐味《だいごみ》の中でも、買い物をひとりでできることは、絶対に譲れないことの上位に入るはずだ。とくに洋服やバッグなど、趣味やこだわりを大事にするものは、ひとりで出かけるほうがずっといい買い物ができる。

ところが、ひとり暮らしをしていると、つい誰かを誘いたくなってしまうこともあるようだ。

「春のコートを買いたいの。久しぶりに銀座で会って、ランチをして、そのあとでデパートめぐりにつき合ってくれる？」

相手も気軽なひとり暮らしだったり、見飽きたご主人の顔を毎日見ているような暮らしだと、「ええ、いいわよ。で、どこで待ち合わせましょうか？」と二つ返事で約束はあっという間に成立する。

しかし、相手はもともと買い物には興味がないかもしれない。まして他人の買うものなど、それほど真剣になれるはずがない。

はじめのうちは相手もちゃんとつき合ってくれるだろう。だが、買い物は意外に疲れる。おたがいにいい年をしているどうしなら、疲れはだんだん響いてくる。

「これでもいいけど、どこか物足りなさが残る。もう一軒、見て歩こうかな」と考えているところに、「それでいいんじゃない？　けっこう似合っているわよ」なんて、気のないひと言が飛んでくるのだ。

「私は、けっこう似合うものを探しているんじゃないの。自分にベストマッチなものを探しているの！」と内心叫びたくなるが、こちらにも、誘ったのは自分だという思いがある。相手が明らかに退屈していたり、疲れの色を見せているのに、そうそう知らん顔はできなくなってしまうのだ。

　結局、「どこかでお茶でもしましょうか。私もちょっと疲れたし」ということになり、お茶をしている間に、頭の中で「今日は買い物、諦めよう」という結論を出してしまう。

　こうして、肝心の買い物はできないまま、「じゃあ、また今度ね」などと相手と別れ、むなしく帰宅するハメに……。そんな顚末《てんまつ》になる可能性は最初から見えているのに、といいたくなる。

バーゲンに誰かと一緒に行くのは、もっといけない。たいして気に入ったわけではないが、「あら、安いじゃない？」と手にしたものがあれば、相手は「いいの、見つけたわねえ」などと盛んにすすめてくれたりする。

人の気持ちなど、風にそよぐ木の葉よりも頼りないものだ。そういわれているうちに、だんだん「あんがい掘り出し物かもしれない」という気になってきて、「じゃあ、これ買おうっと」と思いもしない結論になったりするのである。

それが、本当に気に入ったものならいいが、長年の経験はきっと耳元でささやいているはずだ。

「思いつきで買ったものは、たいてい後悔する」

心ゆくまでショッピングを楽しんだり、後悔しない買い物をしたいなら、絶対にひとりで行くべきだと心に誓おう。

思いついたが吉日とばかり、その気になったらさっと出かけられるのも、ひとり暮らしならではの特典ではないか。

❖だらしない自分には、自分でダメ出しをする

ひとり暮らしで、おまけにあまり若くないとなると正直な話、それほどたくさんは食べられなくなってくる。つい自分の好きなものばかりを食べたり、ひとりでは食べきれないほどの量をつくってしまい、翌日もその翌日も、同じものを食べるハメになってはいないだろうか。

そんなことから、出来合いのおかずを買ってくることもある。こうして食卓に変化をつけるのは、栄養バランスを整えるという意味合いからも、けっして悪いことではない。

だが、まちがっても、買ってきたままのプラスチックトレイやカップのまま食卓に並べたり、鍋から直接食べることだけはやめよう。「誰も見ている人はいないし……」というのはまちがい。ちゃんと自分の目があることを忘れてはいけない。

プラスチックトレイやカップから食べ始めると、そのうちに、読んだ新聞は広

げたまま、脱いだ洋服はたたまないということになりがちである。しだいに足の踏み場もなくなり、われながら快適とはいえない暮らしに、「だからひとり暮らしは……」と思うようになってしまうのだ。

だらしがなくなるのは、ひとり暮らしだからではない。自分の心がだらけているだけではないのか。

「ひとり暮らしって、朝出したまま出かけたものが、帰ってきても、そのまんまのところにあるのね」といった人がいる。ひとり暮らしを始めていちばんびっくりしたのがそのことだったという。

だが、まさにこの言葉どおり、散らかしたものは誰も片づけてくれないのだ。食器や鍋を水につけておく人もいるが、ひとり分ぐらいなら、使い終わったそのときに、すぐに洗ってしまったほうがずっと気持ちよく暮らせる。

ついでにいえば、お風呂あがりに裸で部屋を歩いたりするのも、自分に許したくないことだろう。人目を気にせず、好きなようにふるまえるのがひとり暮らしの特典ではないか……と反論されそうだが、だらしがない自分を見ている、自分という目があることを、けっして軽んじてはいけないのである。

❖好きな食器コレクションで充実食卓

背筋がピンと通った、端正なひとり暮らしをするための心構えの第一歩は、暮らしの細部で手を抜かないことだろう。

たとえば、食事のたびに料理に合わせて食器を整える手間や心づかいを惜しまない。億劫《おっくう》がらずにメニューに合わせ、あるいは季節や年中行事に合わせて食器を変え、豊かな食卓演出を楽しむようにしよう。

それまで、お客様用にとか、お正月など特別の日だけ使うと決めていた「よそいきの食器」をふだん用におろすのもおすすめだ。めったにない来客よりも、ふだんの自分を大事にする。これもひとり暮らしを充実させる極意の一つといえるからだ。

評論家の澤地久枝さんは、お気に入りの骨董を惜しげもなく、毎日の食卓にのせて楽しんでいるそうだ。万一割ってしまったときは、食器に「ごめんなさい」と心から謝る。でも、それで終わり。くよくよと後悔しても始まらない。

若いころ、お茶を習っていたというある人は、抹茶茶碗をいくつか持っている。あるとき、それらをふだんの食事用に使おうと決めた。深めの茶碗に炊きたてのご飯を小さくこんもりと盛ると、いつもと変わらないはずの白いご飯がとてもおいしく感じられるのに、びっくりしたそうだ。

ときには、焼き魚のほぐし身や梅肉、しらすなどをご飯に混ぜる。それを抹茶茶碗で食べると、ちょっとした料亭気分さえしてくるのだとか。

Dさんは青空骨董市で、古い松花堂弁当箱を格安で手に入れてきた。昔はこうした和のものは五つで一組になっていたものだ。それが一つ減り二つ減りして数が揃わなくなってしまったものが格安で売られていたりする。

松花堂弁当箱とは、中が四つに仕切られた弁当箱で、その枠の中に小さな皿や鉢を入れたりもする。その皿や器に焼き物、煮物、あえものなどの料理を少量ずつ盛る。ご飯は一口大の俵形に握ったり、型抜きにしたりすることもある。

松花堂弁当箱は、ひとり暮らしに大いに力を発揮する。たとえ残り物であっても、残り物くさく見せない雰囲気があるのだ。ほんの一箸分残った酢の物などを小皿に盛り、弁当箱に入れると、立派な料理に見えてくる。

むしろ、そうした一箸分が何品か集まると、かなりのご馳走に見えてきて、心豊かな食事へ変貌してしまうのである。

ランチョンマットや箸置きなど、食卓を演出する小物に凝《こ》るのもいい。

知人のお母さんは八十代のひとり暮らしだ。この方は七十代に入ってから、市で主催しているシルバー教室で俳画を習い始めた。まだけっして上手とはいえない腕前だが、毎月の行事などを半紙に描き、それをランチョンマット代わりに使っている。

雛祭りの月にはお雛さまの絵、六月にはあじさい、七月は七夕の笹飾り、秋には月見やハロウィンにちなんだカボチャなど、絵柄は自由に素材を選んで好きなタッチで描いただけ。そんな一枚が食卓をけっこう楽しいものにしてくれるのである。

テーブルクロスを敷いたり、食卓に季節の花を飾るのも楽しいだろう。

食事は日に三度の欠かせない日課である。その食事時間を心楽しく、豊かな気分で過ごせるかどうか。ひとり暮らしの充実度は、ここで大きく変わってくる。

三度三度手を抜かずに、というのが少々しんどいと感じるなら、一日一食は気分が豊かになる食事時間にして、ほかの食事は簡単にすませるのもいいだろう。

◈全身鏡で厳しくファッションチェック!

「いくらなんでも、一日中、寝間着のままで過ごすなんてことはないだろう」

誰だって、外で仕事をしているときはそう思っているものだ。

でも、シングルの人ならば、仕事をしていた現役時代に土日はどんなふうに過ごしていたかを思い出してほしい。トレーナーやフリースの上下を一日中、着たままではなかっただろうか。

最近は、パジャマや寝間着に着替えて寝る人はむしろ少数派。カジュアルな室内着が増えてきたから、よけいに寝るときも起きているときも同じということになりがちだ。近くのコンビニくらいならそのままの格好で出て行くし、寒い時期ならコートをはおるだけで出かけてしまう。

女性なら、ノーメイクで一日中過ごしたら女性として終わったも同然だといわれても、反論できない。男性は、ひげを剃らなくなったら、おしまいだ。

老後もひとり暮らしを続けていこうと決意したら、全身が映る鏡を、リビングルームとキッチンの通路とか、トイレの入口近くなど、一日に何回も通る場所に取りつけるようにしよう。

ひとり暮らしでいちばん怖いのは、他人の視線を受けるという緊張感が乏しくなっていくことだ。

他人の視線は、人を美しく磨きあげる素晴らしい力を持っているものだ。たとえば、デビュー後しばらくたつと、別人のように研ぎ澄まされた美しさを身につけていく女優やモデルは少なくない。

毎日、仕事に出かけていたころは、曲がりなりにもそうした視線を受けていた。ところが、出かける機会が減ってくると、たちまち「他人の視線」という砥石を失い、みるみる崩れ始めてしまうものなのである。服装はもちろんだが、そんな日々を続けていると、姿勢もだらしなく崩れ出す。

全身用の鏡は、そんな自分を否応《いやおう》なしに映し出す。いわば、失ってしまった「他人の視線」の代用をしてくれるのである。

鏡の前を通るたびに映し出される自分を見て、厳しい他人の目線でチェックしよう。まあまあ恥ずかしくない服装をしているだろうか、背中は丸くなっていないだろうか……と。

❖究極の片づけ上手は、モノいらず

引っ越し経験者ならば、覚えがあるだろう。自分が想像以上にたくさんのモノに囲まれて暮らしていたことに、唖然《あぜん》としたのではないだろうか。その多くは、最近はほとんど使っていないモノばかり。それどころか、持っていたことさえ忘れていたモノも少なくない。

引っ越しは、自分がいかに必要以上のモノを所有していたかを自覚させてくれる、絶好のチャンスといっていいだろう。

Tさんは、奥さんに先立たれたあとに、それまでの一軒家住まいから、鍵一つで出入りできるマンションに住み替えた。このときの引っ越しで、想像以上にモノをたくさん抱えていたことに驚き、思い切ってかなり大胆に不要品を処分した。

そして、身辺がすっきりしたことをいい機会に、「いま使うもの以外は手元に置かないことにする」と決めてしまった。

下着や靴下はそれぞれ三着ずつ。現在着ているものと洗濯用。本当なら二枚にしたいところだが、ときには一日で乾かないこともあるので、あと一枚プラスして計三枚。すると、前の日に着たものを洗濯し、その日は物干しに吊した下着や靴下が乾いていればそのまま身につけるから、洗濯物をたたむ必要がなくなった。

バスタオルやフェイスタオルも三枚ずつ。病気になったときなどの急な入り用に備えて、タオル類はあと一枚ずつ新品をストックしてある。

洋服はふだん着を三、四枚と外出用を季節ごとに一、二着。その他のものを整理したらクローゼットの中がすっきりした。季節ごとの服の入れ替えという面倒な作業もなくなった。

それじゃあショッピングをする楽しみもない、と寂しそうな顔をする人もいるだろう。だが、そんなことはない。Tさんはけっこう買い物好きで、気に入ったものがほどよい値段で売られているところに出くわすと、ついつい財布のひもをゆるめてしまうタイプなのだ。

そして、買い物をしたり、いただきものをして何かが一つ増えたら、それまでの分を惜しげもなく処分する。こうして新陳代謝を図って、けっして手元のストックをふくらませないように管理しているのである。

モノが増えれば手間が増える。これは暮らしの決まりなのだ。

❖毎日、「ひと言」日記をつけてみよう

日記というほど、大げさなものでなくてもいい。毎日ふっと思いついたこと、考えていること、その日に起きたことを、ちょっとメモに残してみよう。

おいしそうな店をテレビで紹介していたら、電話番号を書き留めておく。料理番組で一度つくってみたいと思う料理を見たら、レシピをメモしておく。花の手

入れ、季節のステキな言葉、そのうち読んでみようかなと思う本のタイトルと出版社名などなど、いわば「何でもノート」である。

退屈したときにこのノートを見返すと、「そうだ、このパスタをつくってみよう」という気になったりして、気分転換のきっかけをつかみやすい。

イライラしたり、とくに理由もないのに沈んでしまったという日は、そんな気持ちも書く。書くことによって、つらい思いを心の外に出すことができる。気がつくと気分がずいぶん楽になっている場合が多いのだ。

さらに、寝る前にはこのノートに必ず書いてほしいことがある。それは「○月○日、今日はいい一日だった」という言葉だ。

特別なことがなかった平凡な日でも、退屈このうえない日でも、今日はひどかったという日でも、こう書くのだ。ウソでも「今日はいい一日だった」と書くことにより、「そういわれれば、そんなに悪い日でもなかったな。とにかく、無事に一日が終わったのだから……」という気持ちになってくるからである。

インターネット上に公開する日記「ブログ」を始めることもおすすめだ。「ブログ」では写真などで、その日のビジュアルも記録できる。

デジカメと一般的なパソコン技術さえあれば、インターネットに接続して、「ブログを始める」と打ち込むと、簡単にブログＩＤ、ブログ作成ソフトが手に入る。

「何でもノート」もブログも、自分の心の軌跡を記録することになる。こうした習慣をつけておくと、自分の気持ちを客観的にとらえるバランス感覚が身についてくる。

このバランス感覚こそ、ひとり暮らし名人になるために欠かせないものなのである。

❖芝居やコンサートは贅沢に堪能する

「毎月、歌舞伎座の入口をくぐるときぐらい、ひとり暮らしの喜びを感じることはない」と相好を崩す人がいる。

芝居やコンサートのチケットはけっこう高い。家族がいれば、どうしても一緒に行くようになるだろう。二人分のチケットを買わなければと思うと、そんなにしょっちゅうは行けない。あるいは、ワンランク下の席で観劇するようになる。

歌舞伎座などの劇場の席くらい、お金の威力を痛感させられるものはない。一等席なら、役者の呼吸までリアルに感じられる。役者の表情や衣装の細部まで手にとるように見える。感動もそれだけ大きくなる。

チケットを購入する際も、人気の役者が出演したり、話題の演目を公演する場合など、二人続きの席を押さえようとすると、けっこう大変な場合も多い。その点、ひとり分ならば空きがあることも少なくないというわけだ。

あらかじめチケットを買っておき、心はずませてその日を待つという楽しみ方もある一方、突然ふと思い立って芝居に出かけることができるのもひとり暮らしならではの楽しみだ。コンサートや劇場のチケットを格安に販売しているインターネットサイトを検索すれば、当日チケットが半額近い価格になっていることもある。

歌舞伎なら、通《つう》がよくやるという「一幕見」もおすすめだ。歌舞伎の公演は、昼の部、夜の部とも、たいてい三つぐらいの演《だ》し物で構成されているが、そのうちの見たい演目だけ、四階席で見ることができるのだ。

開演時間の少し前に劇場に行き、「幕見」専用の入口から四階まで一気にかけ登る。席が決まっていないので、見やすい場所をいかに確保するか、早い者勝ちである。人気の高い演目だと、かなり並ぶこともある。それもそのはずで、入場料は数百円から高いものでも千円ちょっとの安さなのである。

こういう見方は、気をつかう連れがあるとできるものではない。ひとりだからこそ、堪能できる楽しみ方といえるだろう（現在の歌舞伎座は、複合ビルに建て替え工事中）。

❖ぶらり、わがまま放題ひとり旅

Tさんは、和食店の厨房で腕をふるっていた現役時代は、早朝の仕入れに始まり、昼食、さらに深夜の閉店時間まで、ほとんど休む間もなく働いた。「結婚するヒマもなかったから」と笑うシングル男性だ。子どものころからの鉄道ファンだが、もちろん、好きな列車の旅を楽しむ時間などとれなかった。

六十五歳で引退。さんざん引き止められたが、体力のあるうちに仕事をやめて人生を楽しみたいという気持ちが強かったという。

いま彼がはまっているのは「青春18きっぷ」の旅だ。JRが発行しているもので、普通・快速列車の普通車自由席に、二千三百円で一日中乗れる超おトク切符だ。ただし、発売しているのは五回分でワンセット（五回分を一万千五百円で購入する）。一人で五回利用するか、五人で利用することができる（複数で利用できるのは同一行程だけ）。

「青春18きっぷ」と名づけられているので、シニアには縁のない切符だと思い込んでいる人もいるかもしれない。たしかに、学校が長い休みに入る春休み（三月一日～四月十日）と夏休み（七月二十日～九月十日）、冬休み（十二月十日～翌年一月十日）の期間しか利用できないが、利用者の年齢に制限は設けられていない。

新幹線や特急・急行には乗れない（乗る場合は特急・急行券のほかに乗車券も必要になる）など、いくつかの制約はある。しかし持ち時間たっぷりのひとり暮らしシニアなのだから、むしろ、ローカル線を乗り継いでの旅を存分に楽しむというように発想を転換すると、この切符はさらに価値がアップする。

最近はシニアの間にも知られるようになり、行くさきざきで同好の士らしきひとり旅を見かけるという。座席が隣り合わせになれば、しばし旅情報を交わしたり、意気投合すれば、見知らぬ人と「旅は道連れ」とばかりに同じコースをまわるなど、思わぬ出会いを楽しんだりできるという。

一カ月くらいの間に五回もふらりと出かけられるなんて、ひとり暮らしだからこそではないか。

シニアの間の旅人気を反映して、最近はＪＲもさまざまな「おトクきっぷ」を用意している。旅行会社が主催するバス旅行にも驚くほど格安の商品がある。しかも、たいていは「おひとりさま参加大歓迎！」と謳《うた》っている。

まず、こうしたツアーにひとりで参加することから始めて、やがて本格的なひとり旅デビューへと足慣らしをしていこう。

慣れてしまうと、誰に気をつかう必要もなく、自分のわがまま放題を貫ける。ひとり旅こそ、最高の旅のスタイルだと痛感するようになるそうだ。

◈小さな社会貢献で、大きな喜びを味わう

ひとり暮らし＝〝孤立した暮らし〟にしないためには、自分から積極的に社会に参加していく姿勢を持つことが大事だ。

七十代半ばのひとり暮らしの女性Fさんの半生は、苦労の連続だったようだ。でも、いつもニコニコと笑顔が絶えない。年金の範囲内のつましい生活の中でもいろいろな楽しみを見つけ、「二人の子どもも独立し、かわいい孫にも恵まれた。いまがいちばん幸せ」と目を細めて笑っている。

若いときに夫に蒸発され、その後は洋裁の下請けをして暮らしを成り立たせてきた。手先を動かし、何かをつくることが大好きだったから、そうした日々はけっしてつらいものではなかったと述懐する。

Fさんの日課は、住んでいる地区の自治体が主催しているワークショップに行き、それぞれが持ち寄った端布《はぎれ》でお手玉や風呂敷をつくり、バザーで売ることだ。ささやかな売上金は、「世界の恵まれない子ども」のために寄付している。

最近は、彼女に新たな日課が増えた。ワークショップの近くにある小学校の学童保育の子どもたちに、お手玉やあやとりを教えるようになったのだ。

小学校近くの小さな公園で日なたぼっこをしながら、ワークショップ仲間とお手玉を楽しんでいたら、子どもたちが一人、二人と寄ってきて、興味津々に見入っている。「みんなもやってみる?」と声をかけたら、どの子もけっこう夢中になっている。次はあやとりに挑戦。一本のひもを輪にして、指にかけながら、いろいろな形をつくっていくこの遊びは、とくに子どもに人気だった。

そんなことがきっかけになり、学童保育の先生に話を持ち込み、いまでは週に一度、子どもたちと一緒にお手玉やあやとり、紙人形をつくるなど、昔の遊びを楽しむようになったのだ。

以前テレビで紹介されていたのだが、小学校で竹とんぼや凧《たこ》づくりを教えているシニアもいる。千葉県のある幼稚園では、園児はわらじをはくのが決まり。わらじづくりは、ある園児のおばあさんが先生になって、若いママたちに教えているそうだ。

団塊の世代くらいだと、昔の遊びはうろ覚えという人も少なくないだろう。ならば、先輩シニアから教えを受けて、昔の遊びを伝えていく仲介役になればいい。

自分のできることを生かして、社会と積極的に関わっていく。こうした姿勢があれば、ひとり暮らしでも孤立せずに、毎日が楽しく意義あるものに変わっていくのである。

❖〝下手の横好き〟が世界を変える

インターネットを使いこなすのは、ひとり暮らしシニアにとって必須ということはすでに話したが、それを実感させるようなケースがあるので紹介しよう。

Oさんは妻子もある人だが、かなり前からひとり暮らしを始めている。子どもがアレルギー症になったため、妻子を出身地の奄美の島に帰したのだ。

ひとり暮らしを始めてしばらくすると、彼はどうにも手持ちぶさたの時間があることに気がついた。これまでは家族団らんなどで、何となく過ごしていた時間が空いたのだろう。

手持ちぶさたのままビールなど飲んでぼんやり過ごしてしまえば、あっという間に過ぎる程度のすきま時間である。だが、彼はこの時間をムダにしないで何かをしようと決心した。

そこで始めたのがピアノである。団塊世代が子どものころは、ピアノを習う人はまだ少なく、ピアノが弾けることは憧れだった。西田敏行氏が歌う『もしもピアノが弾けたなら』というせつないおじさんソングもある。

Oさんの家にも、子どもが習っていたピアノがほこりをかぶっていた。そこで一念発起、近所のピアノ教室のベルを押したら、意外にも中年過ぎの生徒が、けっこうレッスンの順番を待っていた。

こうして初歩の初歩から始めて二年。ようやく簡単なアレンジだが、『ムーンリバー』を弾けるくらいの腕になってきたのだ。

「ひとり暮らしだから、ここまでやれたんだと思いますね。家族がいたらまちがいなく、へたくそな練習をからかわれたはず。からかわれれば、こっちもいい気持ちはしない。きっと途中で投げ出していたと思うんです」

彼はようやく弾けるようになった『ムーンリバー』をデジタル動画で撮影し、知人にネット配信した。いわば「ネット上の発表会」である。インターネットには、こんな楽しみ方もあるのだ。

Oさんの言葉ではないが、若いときに習いたかったことにあらためて挑戦するには、ひとり暮らしは最高の環境だ。近所に音が漏れない限り、好きな時間に好きなだけ練習できる。下手でも自分ひとりで楽しんでいれば、誰に迷惑をかけるわけでもない。

最近は楽器のレンタルも利用しやすいシステムがいろいろあり、買えば数十万円もするようなバイオリンやサキソフォンなどが月々数千円で使えたりする。

いつまで続くかわからないという人は、まずレンタル楽器で始め、これなら続きそうだと確信が持てるようになったら、自分用の楽器を買うという方法もある。それまで支払ったレンタル料を充当して、中古楽器の購入に転化するシステムもあるそうだ。

ヤマハのレンタル楽器システム「音レント」のホームページ（http://www.yamaha-yml.co.jp/rental/）にアクセスすると、詳しい情報を入手できる。

❖わずかでも幸せの種をまく

ベストセラー『夢をかなえるゾウ』（水野敬也著・飛鳥新社）には、毎日ちょっとした行動変化を起こし、だんだん幸せを手に入れていく方法が書かれている。その中で、ロックフェラー家の家訓が紹介されている。その家訓を守っているために、ロックフェラー家は成功と栄誉、そして富に恵まれているというのだ。

ロックフェラーは十九世紀のアメリカで最大のオイルビジネスを展開していた大富豪である。だが現在、その人物紹介には「慈善事業家」と書かれているほどで、つまり、後半生はオイルビジネスで手に入れた莫大なお金を投入し、さまざまな社会事業を展開したのだった。

そして、現在もロックフェラー家に代々受け継がれているという家訓とは、「収入の一割を寄付する」というもの。これはユダヤ人の律法書にも書かれているというから、古今を通じて「幸せを手に入れるための基本法則」といえるのかもしれない。

多くのひとり暮らしのシニアにとっては、収入の一割を寄付することはきついだろう。でも、たとえばコンビニで買い物をしたときに、百円以下のお釣りの寄付ならできるだろう。あるいは自然災害のときなどに、一回電話をすると百円寄付したことになるというような、身の丈に応じた寄付ぐらいならば、それほど大きな負担にはならないのではないだろうか。

試しに、さっそく買い物をしたお釣りを、コンビニのレジ前に置かれている寄付箱に入れてみよう。「社会に役立っている」という、何となくいい気持ちになることだけは約束できる。

もう少しがんばれるという人は、世界の恵まれない子どもに毎月三千〜四千円程度の決まった額を送り、社会的自立が可能になるよう支援するという団体などに寄付するのもおすすめだ。

そのくらいの金額ならば、無駄づかいを減らせば捻出できるという人もいるだろう。支援を始めると、ニュースを見る目も違ってくるし、何より自分が誰かのためになっているという思いが生まれ、気持ちに張りができてくる。

支援している子どもから手紙を受け取れるところもあり、「遠い国の子どものの将来に自分が大きく関わっている」という喜びに満たされる。

『夢をかなえるゾウ』にあるように、寄付をすることは、結局は自分を豊かにしてくれるという実感をしっかり味わえるだろう。

小さな寄付は、めぐりめぐって自分に幸せをもたらしてくれる種なのだ。

世界の子どもの支援団体には、たとえば次のようなものがある。

●公益財団法人　プラン・ジャパン
問い合わせ先　☎03-5481-0030

●チャイルド・ファンド・ジャパン
問い合わせ先　http://www.childfund.or.jp/　☎03-3399-8123

❖旅行ではない海外のロングステイ体験

海外に数カ月滞在するのが、ロングステイ体験だ。こんな生活に憧れているシニアも少なくない。だが家族がいると、「私は行きたくない」と反対されたり、目的地の選考でもめるケースもあるようだ。それを調整しているうちに、だんだん面倒くさくなり、結局は実現できなくなってしまう。

でも、ひとり暮らしシニアなら、好きな国に好きなだけ滞在しても、誰にも遠慮がいらない。

Hさんは、戦争で夫を亡くした母親が女手一つで所帯を維持する、母ひとり子ひとりの境遇で育った。多少マザコンぎみだったのか生涯独身を通し、母親が亡くなったあとはひとり暮らしシニアとなった。

彼は若いころ、移民として成功していた叔父を頼ってアメリカに渡り、現地の大学を卒業したこともあり、リタイア後はアメリカでもう一度大学に通ってみたいという夢を持ち続けてきた。

六十二歳でリタイアすると、その夢を実現して、現在はアメリカで二回目の学生生活をエンジョイしている。

広告会社を定年まで勤めあげたEさんは、同じようにひとり暮らしシニアの元同僚とともに、ロンドン郊外に一軒家を借りて共同生活をしながら、イギリスのロングステイ生活を満喫中だ。共同生活といっても、イギリスではポピュラーなハウスシェアリングで、リビングとキッチンは共同で使うが、それぞれの部屋は完全にプライバシーを確保。Eさんたちはまだそうしたことはないが、ハウスシェアリングではシェア相手が恋人を連れてきて一緒に泊まってもあれこれいわないのがルール。個人の生活は完全に自由なのだ。

Eさんは、サラリーマン時代に興味を持ったアンティークについて本格的に勉強し、帰国したら小さなアンティークショップを開く夢を追いかけている。

長い老後だ。一〜二年、海外で暮らしてみるのも新鮮な体験になるだろう。

ロングステイ財団の定義によれば、海外ロングステイとは移住・永住ではない海外滞在型余暇で、次の条件を満たすこと。

①旅行ではなく、観光やショッピングよりも、そこで生活することを目的にする

②生活資金は日本で得たものを使い、海外で働いたり収入を得ることはしない

③自由時間の活用が目的で、現地の人と草の根交流を行なう

④ホテルではなく居住施設を保有したり、賃貸住宅などに住む

渡航先の国によってはビザが必要な場合もある。こうした相談や情報がほしい人は、財団法人　ロングステイ財団（☎03-3505-4477）にコンタクトしてみるといい。

長い仕事人生で身につけたスキルやノウハウを海外で生かしたいという希望がある人、あるいは海外ボランティアに興味がある人ならば、海外青年協力隊のシニア版・シニア海外ボランティアに登録する方法もある。農林水産、鉱工業、エネルギー、社会福祉、保険・医療、商業・観光など幅広いニーズがあり、世界各地よりたくさんの要請が寄せられている。

大学教授だったTさんは、現役時代に研究で訪れたフィリピンの水環境が悪いことに胸を痛めた。そして、退職後は飛行機代から滞在費まで全部自分持ちのフルボランティアで、フィリピンで技術を教えている。

フィリピンには雨期がある。雨期は灌漑《かんがい》工事ができないため、結果的に日本で半年、フィリピンで半年過ごすという生活を数年続けている。だが、身体が元気な間は自分が得た技術を生かし、少しでもフィリピンの水環境の改善に貢献できればと考えているそうだ。

シニア海外ボランティア、日系社会シニア・ボランティアに関する問い合わせは、ＪＩＣＡボランティア窓口まで（☎０３‐３４０６‐９９００／ホームページはhttp://www.jica.go.jp/volunteer/）。

民間では、特定非営利活動法人国際協力ＮＧＯセンター・ＪＡＮＩＣが世界のＮＧＯ組織とネットワークをつくり、国際ボランティアの情報提供・研修・派遣などを行なっている（☎０３‐５２９２‐２９１１／ホームページはhttp://www.janic.org/）。

第三章

ひとりだからこそ大切にしたい人づき合い

❖「自立」と「依存」が賢い生き方

「最期まで、ひとりで生きていく覚悟をしているから」という人をよく見かける。そういう決意は立派だと思うし、尊敬もする。

しかし残念ながら、心も身体も年々変化する。高齢期になれば、さらに変化は大きい。少し前まで平気でできたことが、最近はちょっと負担に感じる。そんなことがしょっちゅう起こるようになってくる。

病気やケガをすることもある。若いときより回復にずっと時間がかかるし、回復後もそれまでのようにはいかないことも珍しくはない。

「最期まで、ひとりでしっかり生きていきます」という心構えは一見、立派なようだが、誰ひとり人生の最期までひとりで生きることはできないのだと思っているぐらいのほうがいいのかもしれない。

だから、子どもや家族など周囲の人に向かって、「あなたの世話にはならないから」「最期は老人ホームに入るつもりでいるから、私のことは心配しないで」

などといいきってしまうのは、よくよく考えてからにしたほうがいい。

子どもが「一緒に住もうか」といってくれたら、そういってくれるうちが華だと考え、話だけでも耳を傾ける姿勢は持っているべきだろう。

もう少しひとり暮らしを続けたいという場合は、「ありがとう。もう少し、ひとりでがんばってみるわ。そのうち、お願いするかもしれないけれど」と、やんわり返事をしておけばよいのである。親が突っ張ってばかりいると、子どもの感情も冷えていってしまう。

先に備えて予防線を張っておけ、というわけではない。「どこまでもひとりでがんばる」という姿勢より、「ひとりでやっていくけれど、できないことは助けてね」という柔らかな姿勢でいるほうが、かえってひとり暮らしを長続きさせる秘訣であるからだ。

ご近所に対しても同じだ。「何かお手伝いできることがあったら、お声をかけてくださいね」といわれたら、その気持ちを素直に感謝して受け入れ、「ありがとうございます。そういうときは遠慮なく甘えさせていただきますね。よろしくお願いいたします」と答えておきたい。

そんな素直な態度を示す人に対して、けっしてそっぽを向くことはないはずだ。

いまどき、そんな親切な言葉をかけてくれる近所の人などそういないのだから、まちがっても、「いいえ、大丈夫です。ひとりで何でもできますので」などと、ぴしゃりと拒絶することのないように。

「適度に」という条件つきだが、人間は、ほどほどに人に甘えるところがあるほうがかわいげがある。上手に甘えることができる、というのも高齢期をひとりで生きていくために、欠かせない姿勢なのだ。

もちろん、甘えっぱなしでいいとはいわない。最初から「年をとっているのだから、まわりが手を貸してくれるのは当たり前」「親の面倒を見るのは子どもの責任だ」というような態度もいただけない。依存しすぎる親も大いに問題である。

人間らしく生きる基本はあくまでも「自立」である。だが、自立と孤立はちがう。ときには支えられたり、その反対に自分が支える側にまわったりするのが望ましいのではないだろうか。

こうして、自立と謙虚な依存を使い分けていく。人間は社会を形成して生きていく動物だ。肩肘張りすぎて孤立してしまい、ひとりぼっちで生きていくだけでは、人間らしい生き方とはいえないだろう。人のぬくもりを忘れた孤立は、けっして幸せをもたらしてはくれない。

ほどよく甘えたり甘えられたり、支えたり支えられたり……。こうした関係の中で、心の温かさを通い合わせる。これは、自立を妨げることでも、他人の世話になることでもない。

相互にほどよく依存しながら、でも、基本はしっかり自立している。そんな姿勢を保って生きていくことが、人間らしい暮らし方、生き方なのだと心に刻んでおきたいものだ。

◈適度な人間距離《じんかん》がつき合い方の秘訣

車の運転がうまいかどうかを知る目安の一つが、車間距離の保ち方だ。前の車に近づきすぎると、先行車が軽くブレーキをかけたくらいで追突してしまう。間が開きすぎていれば他の車に割り込まれたり、渋滞を誘発しやすい。

とくに高速道路では、ほどよい車間距離が保たれていれば、車の流れにうまく合わせて運転している証《あかし》になる。車の運転には、周囲の車と折り合いをつける技術が欠かせないということだ。

人と人が交わるにも、適度な人間《じんかん》距離というものがある。

こんな例がある。夫や妻に先立たれてひとり暮らしになった人の中には、最初のうち、ひとり暮らしを持てあまし、あるいはひとり暮らしに不慣れなばかりに、気持ちが不安定になり、つい知人に手あたりしだいに電話をかけては長々と話し込む人がいる。

「必ず、いまいい？　と聞いてから話し始めるようにしている」と反論する人もいるだろう。だが、かかってきた電話に対して、「いまはちょっと……」といえるのは、差し迫った外出予定など、よほどの事情があるときぐらいだ。つい、「少しなら大丈夫」といってしまうのではないだろうか。

女性の電話はとくに要注意だ。最近の電話は、話し終わると通話時間が表示される機能がついているものが多い。その通話時間を見て、「ちょっとだけのつもりが一時間近く経っていて、われながら呆《あき》れてしまう」という人もいるはずだ。

電話魔になりがちだと思うなら、手元のカレンダーなどに小さくマークをつけて、どんなに親しい人に対しても、電話は週に一回が限度と決めておこう（用事があるときは別）。

「どこかへ行こう」とか「会わない？」と誘うのも、こちらから一回誘ったら、次は相手から声がかかるのを待つくらいのつもりでいるといい。

人づき合いに積極的な人と、そうでない人のちがいはあるが、片方ばかりが一方的に誘うという関係は、相手のほうはどこかで無理をして、つき合ってくれていることが多いものだ。

はじめは手帳にメモなどして、誘ったり誘われたりと、おたがいの関係性のバランスをとるようにしていくと、ほどよい人間距離《じんかん》がだんだん身についてくるだろう。

❖「相手七分、自分三分」がつき合い上手

ひとり暮らしをしている女性がいる。その人について、周囲の人がこぞって口にすることがある。

「悪い人じゃないんだけど、とにかく自分のことばかりしゃべっているのよね」

本人に会えばわかるが、いかにも聡明そうな女性なのだ。有名大学を出て、地味ではあるがクオリティの高いことで知られる雑誌の編集者として、輝くばかりの仕事をしてきたキャリアを誇っている。

結婚経験はないから、ひとり暮らし歴はかなり長い。現役時代は毎日のように人に会う仕事だったので、家に帰ってひとりになると、むしろホッとしていたぐらいだった。

ところが定年退職してみると、毎日これといって会う人はいない。朝から晩まで、ひとりである。ひとりということは、話し相手がいないことだ。一日中、誰とも言葉を交わさないという日々に、彼女の心はしだいに悲鳴をあげるようにな

っていったのだろう。

誇り高い彼女は、話し相手がいない寂しさをけっして認めようとしない。だから、自分から人に会おうとして声をかけることはめったにない。

その反動もあるのだろう。誰かと会う機会があると、たまっていたものが洪水のようにあふれ出し、自分ばかりがしゃべり続けることになってしまうようなのだ。

自分もそんな傾向があるという人は、人と会ったとき、努めて聞き役に徹するように、自分を厳しく訓練しよう。はじめのうちは、会話に加わりたくなってもぐっと自分を抑え、口にするのは相づちくらいにしておく。

あるいは、自分の話したいことを、逆に相手にふってみるという手もある。「この間、話題になっているあの映画を見てきたの」という話をしたくなったら、「最近、映画をご覧になりましたか?」と相手に話題をふるようにするのである。

相手がひとしきり最近見た映画の話をしたあとに、ようやく自分が見た映画の話題に移る。このくらいにとどめたつもりでいても、客観的には、相手七分、自分三分ぐらいになっているものなのだ。

こうした訓練を重ねるうちに、だんだん人の話を上手に聞くことができるようになり、聞き上手になっていく。

聞き上手は話し上手、人間関係上手――。

いつの間にか、あなたにはお誘いの電話がしょっちゅうかかるようになり、気がつくと、「自分のことばかりしゃべっている」という評判は、どこかに消えているはずだ。

❖ 挨拶の言葉にはひと言プラスする習慣を

「向こう三軒両隣」という言葉を知っている人も少なくなった。これは、自分の家の向かいにある三軒の家と、左右二軒の隣家という意味で、日頃から親しくつき合う隣近所を指している。

「遠くの親戚よりも近くの他人」という言葉もあるほど、日本では昔から、向こう三軒両隣とは何かと力を貸し合って暮らしてきたものだった。だから、少し前までは引っ越しをしたら、まずこの「向こう三軒両隣」に挨拶に出かけるのが当たり前の習慣だった。

ところが、プライバシーをやかましくいうようになってから、「隣は何をする人ぞ」という傾向が強くなり、最近では近所の人と道ですれちがっても、ろくに挨拶もしなくなった。

家族がいれば、子どもを仲介にして、自然につき合いが生まれてくる。だが、ひとり暮らしだと、そうしたきっかけも望めない。

ひとり暮らしが長い人は、たいていは若いころから仕事一筋できた人だ。朝早く家を出たら、帰宅は夜。休日は寝て過ごす。あるいは休日も出かけてしまうという生活に明け暮れ、気がついてみると、隣近所の人の顔も名前もろくに知らないのである。

それなのに、シニアからシルバー期へと移行するにつれ、人間の行動範囲はだんだん狭くなる。近所が、人生の後半を生きる最大の空間になってくるのだ。

いまからでも遅くはない。近所の人々とはできるだけ積極的に触れ合うようにしよう。

人間関係づくりの第一歩は、挨拶を交わすことから始まる。朝、新聞を取りに行ったときなどに、ご近所の顔に出会ったら、「おはようございます」と明るく大きな声をかけてみよう。

はて、誰だろうとキョトンとされたら、「隣の○○です。いつもお世話になっています」と明るい声で名乗る。このとき、あとひと言何かを加えることが、人間関係を発展させる秘訣になる。

たとえば、隣家の門前の花がきれいだったら、「きれいに丹精《たんせい》されていますね。いつも楽しませていただいています」などと加えるのだ。このプラスひと言は、必ずほめ言葉であることを鉄則にする。

ほめられてうれしくない人間はいない。このひと言で、相手は必ずあなたに好印象を持つはずだ。

こうした出会いを重ねていけば、半年、一年と経つうちに、いい近所づき合いの基盤ができてくるだろう。やがて、ひとり暮らしを支えるご近所ネットワークに発展するはずだ。

❖マンションのひとり暮らしは、友達の宝庫

Ｂさんは、社員十数名という小さな会社の役員を務める女性だ。二十年以上前に、その会社には経理職として入社。愛くるしい容姿と素直な性格で、たちまち社長と恋に落ちた。

社長には妻子があり、いわゆる不倫の仲だった。だが、社長は誠意のある人で、いま住んでいるマンションを買ってくれたり、社内でのポストも引き上げてくれた。彼女も社長の期待によく応え、いまではかけがえのないビジネスパートナーになっている。

だが、男と女の関係にはいつか終わりがくる。子どもが成長し、孫が生まれるともういけない。奥さんが病気になったこともあり、社長が彼女とプライベートの時間を一緒に過ごすことはだんだん少なくなっていった。いまではほぼ百パーセント、ビジネスパートナーとしての人間関係になっているといったほうがいい

だろう。

そんなBさんは現在、マンション内に楽しい食事仲間、飲み仲間がたくさんいて、週末を存分に楽しんで暮らしている。

きっかけはマンションの大規模修理を行なうことになったときだ。各階から一人ずつ役員を選び、管理会社の担当者と毎月会議を開き、具体策や銀行からの融資の条件などを話し合うことになった。こうした日々が二年近く続いた結果、そのときの仲間と固い結束が出来上がったのだ。

彼女が役員をやるようになったのはジャンケンに負けたから、というのも面白い。じつは誰も積極的に役員をやろうという人がなく、結局、ジャンケンで負けた人が貧乏クジを引くことになったのだ。

「でも、結果は大当たり!」と、Bさんはにっこり笑う。

都心に近い立地だからか、ファミリーで住んでいる人は少なく、役員の大半はひとり暮らし。だから、いつでも話はすぐにまとまるそうだ。お花見、暑気払い、お月見、忘年会などなど。飲み会の口実はいくらでもある。

別のひとり暮らしシニア女性がいる。この人もマンションに住んでいるが、そこは毎年、部屋の番号順に、居住人会の役員をやることになっていた。彼女にもついに自分の番がまわってきて、「役員をやっている一年間で、マンション内にときどきお茶を飲む知り合いが三、四人できた」と喜んでいる。

「年をとってきたとき、同じマンション内に親しい人がいるのは、とっても心強い」

ともいっている。案外、誰にでも共通する本音ではないだろうか。

❖積極的な「友活」で友人倍増計画を

長年社会の第一線で活躍してきた人ほど、リタイア後に自宅で過ごす時間が長くなり、人とつき合う機会が激減すると、愕然とするものだ。

仕事に出ていたときは、とくに予定していなくても、仕事帰りにどちらからともなく、「どう、軽く一杯？」「おっ、いいですねえ」と誘い合い、一～二時間、世間話に花を咲かせてから帰宅することがよくあった。おたがいに住んでいるところが別の方向でも、そんなことはまったく気にせずに飲んだり話したりできたものだ。

しかし、出かける機会が少なくなると、わざわざ遠くまで出かけていって、「軽く一杯やろうか」という話にはならない。だが、歩いて行ける程度の距離の友人なら、ふと思いついて、「どう、これから一杯？」とケータイを鳴らせば、「うん、いいね。じゃあ三十分後に駅前で」と話がまとまりやすい。

女性なら、今日は天気もいいし、ちょっと出かけたい気分という日に、気軽にケータイを鳴らし、「お茶でもしません？」と声をかける。ご近所友達ならば、そんなことも気軽にできるだろう。

長い間、自宅は寝に帰るだけのところだったのだから、「ご近所友達なんているわけがない」という人もいるだろう。年をとってから、友達なんかできないと思い込んでいる人もいるかもしれない。

「就活」に「婚活」。最近は自分から積極的に活動しないと、就職も結婚も、望むものは手に入らない時代になっている。友達だって同じである。友達がほしいならば、自分から積極的に動くことが必要なのだ。

「友活」しだいでは、いくつになっても、いい友達をつくることはできるはずだ。

ご近所友達をつくるには、地域の活動に参加するのが近道だ。新聞に折り込まれてくる情報紙には、地域の活動情報が掲載されている。その中で何か興味の持てそうなことを見つけて、試しに参加してみよう。

俳句の会、初歩の英会話や中国語を習うのもいい。シャンソンを歌ったり、地域の歴史を学ぶ教室に通うのも楽しいだろう。地域の活動なら、会費も安い。試しに参加しても、大きな負担にはならない。

こうした場に参加している人は、時間はいくらでもあるという人が多い。レッスンや講習会が終わると、誰からともなく、「どうですか、お茶でも」ということになり、やがて、その中から気の合う人が見つかる可能性もある。

たとえば、帰る方向が一緒だというようなことから、個人的に親しくなる人ができたりするのだ。

最初から何から何までぴったり合う友達を見つけようなどと思わないことも、「友活」の大事なポイントだ。地域のコミュニティ活動では、一～二時間くらい、気軽に楽しく話ができそうな人が見つかったら、御《おん》の字だと思うくらいでちょうどよい。

「友活」に必要なのは、積極性だけではない。多少の鈍さ、つまり、少々のことは気にしないで受け流す鷹揚《おうよう》さも大切である。

人間、何十年も生きていれば、クセもあればこだわりもある。だが、それはおたがいさまなのだ。相手から見れば、あなただって十分にクセもあるだろうし、こだわり人間に見えているかもしれない。

ときには、話が食い違い、気まずい雰囲気になってしまうこともあるだろう。そんな場合も、多少の鈍さがモノをいう。あえて気まずさには気づかないフリをして、また懲《こ》りずに誘ってみるといい。意外に、あっさりと気まずさは解消することが多いのだから。

二度、三度と誘って、相手がのってこないときには、その人とは縁がなかったのだと、あっさり引き下がればいいだけの話である。しつこく迫らないこと。これは男と女の関係ばかりではない。人づき合いには絶対の法則である。

このように積極的でありながら、ほどを心得た「友活」で、まあまあ楽しく時間を過ごせる友達を何人かつくっておくと、ちょっと退屈な日とか、何となく人恋しい日などには、千金の価値を発揮してくれる。

◈小さな親切、大きなお節介!?

ひとり暮らしの人が陥りやすい、人づき合いの落とし穴がある。それが「小さな親切、大きなお節介」だ。

若いころ、親戚や近所にひとり暮らしのおばさんがいなかっただろうか。たいてい、ちゃんと仕事をしていて、ふだんはメリハリの利いた、ほどよく常識的な人づき合いをこなしている。ところが、なぜかやたら親切なのが玉にキズだったりする。

親切で何が悪いといわれそうだが、何事も「過ぎたるはなお及ばざるがごとし」である。論語にある言葉だが、過剰なのは足りないのと同じ。とくに人間関係においてはこの言葉がズシンと響く。ひょっとすると、「過ぎた」場合のほうが、はた迷惑であることが多いように感じられる。

若者に人気がある地域の、駅に近い小ぎれいなワンルームマンションに、なぜか住人が長く居つかない。入居してしばらくすると、引っ越してしまう人が多いのだ。元住人に理由を聞くと、「大家さんが親切すぎるから」というから驚いてしまった。だが、話を聞いてみると、なるほどと合点がいく。

大家さんは七十代半ばの女性。まだまだ元気で、夫が亡くなったあとも、三人の子どもたちがそれぞれ「同居しないか」と声をかけるのを断って、ひとり暮らしを続けている。いかにもやさしそうな雰囲気の人で、本当に親切なのだ。だが、その親切の度が過ぎて、同じ敷地に建つワンルームマンションの住人をわが子も同然だと思い込んでしまっているようだ。

ひとり暮らしの住人には、とくに親切度がエスカレートする。仕事から帰ると、ほどなくピンポーンとチャイムが鳴る。宅配便かなとドアを開けると、大家さんが立っている。手には小さなお盆を持ち、「カレーをつくったのだけど、たくさんつくりすぎてしまったの。よかったらどうぞ」などというのである。あるときは稲荷寿司になったり混ぜご飯になったりする。マスクをして帰った日などは「卵酒をつくったから飲んでね。これを飲んで温かくしていれば、すぐによくなるわ」という具合である。

にこやかな顔には何の邪心もない。ただただ気がいい、やさしい人なのだ。

だが、この大家さんは、現代の大家と店子《たなこ》のつき合いの距離感をわきまえていない。大家と店子は親子も同然というのは江戸時代の話。最近は、顔を合わせたときに挨拶を交わす程度で、あとはトラブルでも起こらない限り、それ以上立ち入った会話はしない。これが、大家と店子のほどよい距離のはずである。

大家さんにしてみれば、親切のつもりのカレーライスや稲荷寿司も、住人にとっては度がすぎた親切である。はっきりいえば、ありがた迷惑そのものなのだ。だからこそ、住人はだんだん居心地が悪くなり、「やっぱり引っ越そうか」ということになってしまうのだろう。

友人や知り合いに対しても、こうした不必要な親切をしていないだろうか。とくにひとり暮らしの人は、自己チェックをしてみたほうがいい。

旅先などでかわいい小物を見つけたりすると、「そういえば、○○さんはたしかフクロウの小物を集めていたはずだわ。送ってあげようかしら」とふと思う。

だが、こうしたとき、送られてきたほうの気持ちも察してみなければいけないのだ。

送られてくればうれしいし、ありがたい。だが、どんなに親しい間柄でも、そういうことが続くと、「何かお返しをしなければ」とだんだん気持ちの負担になってしまうものである。

相手が親切心から送ってくれていることはわかっている。だから、はっきり拒絶はできない。せいぜい、「どうぞもう、こうしたお気づかいはなさらないで」とやんわり拒んでみるくらいだろう。

しかし、これでは親切な相手は気がつかない。それどころか、「あんなに喜んでくれたんだから、また……」ということになって、よけいに先方を追い詰める結果になってしまうのだ。

送った相手から、「こうした気づかいはしないでほしい」といわれたら、それは本音なのだと感じたほうがいい。

とくに最近の人間関係の基本はますます、サッパリ、アッサリになっている。人にものをあげるのは、もちろん善意からだとしても三回のところを一回ぐらいにしたほうがよい。相手から何かを頼まれたとき、頼まれたことだけを誠意を込めてやってあげる。これがほどよい加減なのだ。人間関係を長続きさせたいならば、このほどよい加減を超えないように、気をつけなければならない。

押しつけがましくないモノのあげ方

ひとり暮らしをしていると、いただきものも持てあますことが多くなる。すると、「もったいない」精神から、つい「そうだ、あの人にあげよう」ということになりがちだ。だが、前に登場した大家さんのように、純粋な好意から何かをあげても、いつも喜ばれるとはかぎらない。

さらに、はっきりいえば「手づくりのものは、あんがい喜ばれない」ことも知っておいたほうがいい。

ひとり暮らしシニアの中には、たっぷりある時間を生かして、手づくりの人形をつくったり、端布でコースターをつくったり、ちぎり絵や造花づくりなどを趣味にしている人も少なくない。そして、それをまわりの人にプレゼントする。

誰だって、相手の手づくりの品をもらえば、口先だけでほめちぎり、喜んでみせるものだ。だが、本当のところは口ほど喜んでいないということが多いはずだ。当人としては自信作でも、しょせんは素人細工。相手にとっては、ありがた迷惑以外のなにものでもないのが本音だと思えば、まずまちがいないだろう。

日本画を習い始めた友人に、半分お世辞、半分お情けで、「なかなかの腕前だなあ」といったところ、季節の花の絵を描いた色紙を「どうだ、持っていかないか」と差し出された。断るのも悪いと思い、「玄関先に飾らせてもらうよ。季節感があっていいなあ」といったのが運の尽き。それからは、季節が変わるたびに新しい絵を持たされる。玄関に飾るといった手前、相手が訪ねてきたときに備えて、いやでも掛けておかなければならない。

こんなのは、善意の押しつけだ。当人に悪気がないだけ、かえって始末に悪いくらいだろう。

自作の作品を人に渡せるのは、少なくとも「個展」を開くレベルになってから。「個展」を開くようになったら、お買い上げいただくことを原則にしておきたい。ただし、価格は低く抑えること。それで生活しているプロとの距離はちゃんと自覚しておきたい。

故郷から送ってきた名産品などなら、もらった相手もきっと喜ぶ。だが、相手が持てあますほど大量にあげるのはいきすぎだ。相手がおいしく食べきれる分量にするのが心づかいというものだろう。

旅先のお土産をあげたりもらったりも、場合によっては考えものになる。相手がめったに旅行をしない人なら、旅に行くたびにお土産をあげるのも考えたほうがいいかもしれない。いまの暮らしは、モノがありあまっている。そんな状況で何かをあげるなら、相手が「ほしい」といったときだけと限定するくらいでちょうどいいのである。

立場を変えれば、軽々しくお世辞などいわないことも大事である。

「どうだ、持っていかないか?」といわれても、本当にほしいものでないならば、「いや、遠慮しておくよ。うちには飾るところもないし。せっかくの絵が泣いてしまうよ」などとかわしてしまったほうがいい。

気前よく人にモノをあげることは、けっしていいことではない。これは、一つの分別《ふんべつ》といえる。聡明な人は、ここぞというポイントだけに、本当に相手の心に届くものを贈るタイミングを心得ている。

❖「紅白歌合戦」を一緒に見る

「ひとり暮らしは気楽で気まま。三日やったらやめられない」

いまではそう豪語するIさんだが、ひとりになった最初の年越しは、さすがに涙が出そうになってしまった、という。

Iさんは離婚のため、ひとり暮らしになった女性だ。だから、ひとり暮らしは快適そのもの。何でも自分のペースでできることが、こんなにストレスがないものかと毎日のように思っている。

だが、ひとり暮らしにも弱点はある。クリスマスとか年越し、正月などがかなりつらいことだ。「とくに落ち込むのは『紅白歌合戦』を一人で見ること」だという人がいる。ひとりで年越しをするのが寂しいというのは、日本人特有の意識なのかもしれないが。

Iさんは、若い日に受けたプロポーズの言葉が「紅白歌合戦を一生、一緒に見よう」だったそうだ。だからよけいに、「ひとり紅白」はつらいのだろう。

彼女には仲のよい姉妹もいるし、友達だって多い。だが、それぞれ家庭があり、家族がいる。彼らは「うちへ来ない？」と声をかけてくれるが、彼女は家族団らんの中にズカズカ踏み込むほど無神経にはなれないのだ。

結局、ひとりになった最初の大晦日は自宅に引きこもり、コタツでお酒を飲みながら「紅白歌合戦」を見て、そのまま居眠り。気がついたら新年になっていたという、なんともだらしのない年越しをしてしまったそうだ。

新年になってからも、たいして面白くないテレビを見続けるだけ。それでいて、そんな過ごし方をしている自分にいらだってしまう。だから、お正月は一度でこりごりだった。

そこで次の年は、早くから年越し対策を考えた。同じようなひとり暮らしの友人を誘って、正月を一緒に過ごすようにしたのだ。その中の一人が、車で一時間ほどのところに小さな別荘を持っていた。そこに三人で集まることにしたのである。

ただし、決めたのは「年越しを一緒にして、元旦のお雑煮だけは一緒に食べようね」ということだけ。それぞれ一万円ずつ出し合って共通の財布をつくり、早めに着いた人は大晦日の町に出かけて年越しの買い物をした。そして「紅白歌合戦」のころには全員集合。鍋をつつきながらお酒を飲み、ワイワイ盛り上がったのである。

六十歳前後の女性が三人もいると、一人は必ず料理好きがいるものだ。あんのじょう、一人がお雑煮づくりを買って出た。

二日目には一人が帰り、代わりに二人の新メンバーがやってきた。なかには初対面の人もいたが、そこは人生のベテランばかりだ。一日ぐらいなら調子を合わせ、一応和気あいあいと過ごせるのである。

言い出しっぺのIさんは、三日目の朝、自宅に戻った。勝手なもので、自宅の鍵を開け、自分以外は誰もいない空間にホッとし、「ああ、一人はいいな」と心から思ったそうだ。

だが、その勝手が許されるのが、ひとり暮らしの特権なのだ。ふだんはひとり暮らしを満喫している。でも、年越しや正月を一人で過ごすのはちょっとつらいという人は、ふだんから目を配っておき、必要なときだけ寄り添って、一緒に過ごす仲間をつくるようにすればいい。

人のぬくもりの中で過ごすのがふさわしい時間もある。そんなときまで、ひとりでがんばろうとすると、快適なはずのひとり暮らしまでが色あせてしまい、しょぼくれて見えてしまうのだ。

❖学生時代の友達を掘り起こす

「同窓会年齢」という言葉がある。

仕事に追われている間は、学生時代を振り返る余裕などなかった。だが、仕事人生も終盤になると、仕事のゴール地点も見えてくる。若いときは精いっぱい気負っていたが、その気負いがとれてくると、学生時代の人間関係が無性になつかしくなってくるようだ。

会社の同僚とは、あんがい本当の友達にはなりにくいという。どうしてもライバル意識が働いてしまうのは否定できないし、社内の立場が微妙にちがってくると、立ち話をするのさえ気をつかってしまうようなこともある。

そこへいくと、学生時代の仲間はいい。社会的な立場に多少の開きができたとしても、そんなことは関係なしに、すぐに気持ちがとけ合うようになるから不思議なものだ。

ある都立高校の同窓会は、集合場所はつねに母校の正門前。そこから小半日、ひたすら郊外に向かって歩く。もちろん、目的地は決めてある。途中で手打ちそばの名店に立ち寄ったり、天然うなぎを食べさせる店に入るというようなプランも組み込まれている。

目的地までは十キロ前後。ゆっくりだから、女性でもラクラク歩ける距離だ。歩きながら、さまざまな話題に花が咲くことはいうまでもない。

目的地で散会になるが、二次会の準備もおこたりない。ほとんどの人は二次会に流れ込み、アルコールも入って、さらに話も雰囲気も盛り上がる。

この「歩け・歩け同窓会」の仕掛け人は、妻に先立たれた、ひとり暮らしの男性だ。四十代のはじめに妻を病気で失った彼はその後、自分の母親の助けを借りながら三人の子どもを育てた。だが、気がつくと子どもはそれぞれ独立し、そのうち二人は海外暮らし。母親も孫の成長を見届け、安心したようにあっけなくこの世を去ってしまった。

学生時代に登山部だった彼は、日本百名山を登り切るという目標を追いかけているが、ふだんもよく歩く。歩いてみると、東京郊外には、まだまだ味わい深い場所が残っていることに気がついた。

さいわい、出身校は二十三区の西の端にある。ここを起点に歩き始めると、数キロで郊外の自然豊かなところに行けるのだ。ひとりで歩くのもいいが、ふっと昔の仲間の顔が浮かんでくることがある。

そこで、年賀状をやりとりしている程度のつき合いになっていた高校時代の同窓生の何人かに声をかけて、小半日一緒に歩き、誰いうともなく、帰りは飲み会になった。これが本当に楽しかったのだ。

その後、それぞれがつき合いの続いている友人を引っ張ってきて、そこからさらに同窓生の消息がわかり……と年々発展していった。いまでは、みんなが楽しみにしている年中行事の一つになっている。

昔の友達に会いたいと思ったら、まず自分から動き出してみよう。同じ思いを持つ仲間はきっといる。仲間が仲間を呼び、どんどん楽しい人間関係がふくらんでいくはずだ。

◈「おたがいさま」の精神は、おたがいを温め合う

ひとり暮らしの人の中には、「人に迷惑をかけることだけは絶対にしたくない」という思いを、かたくなに守ろうとする人が少なくない。

Dさんは、若いころに手術を受けたときの輸血でC型肝炎になった。最近ではそれがガンに進行し、毎月のように一週間から十日程度の入院治療を受けるようになっている。

長いことひとり暮らしを続けている彼女は、マンションの二階住まい。あるときベランダから迷い込んできたノラネコを、大切に飼っている。

でも、入院中には、このネコをどうしているのか。彼女は一日おきぐらいに、病院の早い夕食が終わると外出許可をもらい、タクシーで自宅に帰って自分で世話をしているのだ。病院と自宅間はタクシーで片道十数分。それほど遠い距離ではないが、病人がしょっちゅう通える距離ではない。

Dさんにも親しい友達はいる。友達が「ネコ、預かろうか?」と声をかけるのだが、彼女は「人に迷惑をかけたくないから、私が世話をする」といい張るのだ。

これまでも紹介してきたように、過剰な甘えはひとり暮らしシニアのご法度《はっと》だ。だが、病気のときだけは例外と考えよう。むしろ「お願い、手を貸して」と素直にいってくれる人のほうが、まわりもいたずらに心配しなくて済むので、つき合いやすいと感じるものである。

つらいとき、困ったときに「SOS」を発信できる相手、「助けて!」といえる相手は絶対に確保しておこう。

困ったときだけではない。精神的にいっぱいいっぱいになってしまったり、寂しさがひとしお身にしみるときなども、「他人に弱音を吐いて迷惑をかけてはいけない」とツッパリすぎないようにしよう。

ある知人は、ときどきこんな電話をかけてくる。

「ごめん、ちょっと人の声が聞きたくなっちゃった。少しだけ話してもいい？」

こういわれて、ダメという人はそうはいないだろう。

そんな人だから、話の切り上げどきもちゃんと知っている。ほんの数分、長くても十分ぐらい、とりとめのない話をすると、「ありがとう。あなたの声を聞いたらホッとしたわ」といって、あっさりと電話を切る。

寂しさは、人として当たり前の感情なのだ。押し殺さずに、ときには素直に吐き出そう。

脅かすわけではないが、「人には迷惑をかけたくない」と身を固くしていると、しだいに内にこもるようになり、うつになるなど思わぬ結果を招くことも少なくない。

寂しさは抑えずに、吐き出そう。

相手が適度に甘えてくれれば、こちらも何かあったときには甘えてもいいかなという気になれる。こうした気持ちになれること、おたがいさまだと思う気持ちが、人間関係にぬくもりを与えるのだと思う。

❖わが家を人が集まる場として提供

Fさんは、東京オリンピックのときにはもう社会人として仕事をしていたという女性である。高校を卒業するとすぐに働き始め、三十代で起業。小さな会社を二十年以上経営していたが、親を見送るとあっさり会社をたたんでしまった。非婚のまま、そろそろ七十代に手が届こうかという年齢になっている。

それまでは「東京タワーが見えるところでないとイヤ」といっていた反動だろうか、太平洋に面した、眺望絶佳《ぜっか》の場所に数百坪の土地を手に入れ、ひとり暮らしとしては大きな家を建てて、イヌとネコを家族に暮らしている。

若いころ、経済的事情で大学進学を諦めたということもあって、京都の大学の通信学部で学び始めて、すでに八年目。無理をしない程度に楽しみながら、六年かけて学部を卒業すると、大学院に進学し、現在は修士課程に籍を置いている。

田舎住まいとあって、毎日通学することは難しいが、ときどき遊びがてら京都まで足をのばし、スクーリングを受けるのが、ほどよい変化になっているという。

長い間、ひとり暮らしをしてきた知恵だろう。彼女はこの家を建てるとき、最初から家の半分は「いろんな人が集まるサロン」にしようと考えていた。だから、自分の居住スペースと共用スペースを区別するという発想をもとに設計してもらい、二階の自分のスペースにはトイレもつけ、しっかり鍵もかかる。

共用スペースのほうは間仕切りのない広い一間で、一角にキッチンがある。キッチンの反対側には、泊まり客のためのスペースがあり、ゴロ寝ならば十人以上泊まれる。

ふだんは地元の集まりの場に提供したり、週に一度は近くの書家がここで子どもからシニアまでを対象にした書道教室を開いている。

こんなことができるのも、誰に気がねする必要もないひとり暮らしの特権だろう。

このように立派なスペースがなくても、自宅をサロン代わりに開放し、何人もの人が出入りし、寂しさとは無縁のひとり暮らしを送っている男性もいる。

彼の住まいは古い団地だ。毎週火曜日の午後だけ、その一部屋を開放している。メインはマージャン大会なのだが、マージャンには加わらない人もよく顔を出している。そばで週刊誌を読んだり、お茶を一緒に飲んだり、なんとなく人と一緒の時間を楽しんで帰っていく。

もともとマージャン好きな男性が、誰にも気がねのいらないひとり暮らしの特権を生かして、メンツが揃うと自宅でジャン卓を囲むようになった。だが、つい連日連夜になってしまう。それでは、生活のリズムがどんどん崩れていく。

そこで週に一回、それも午後だけと決め、午後六時になると「決まりだから」といってお開きにする。

人が出入りするようになれば、部屋の掃除にも気をつかうようになる。「おかげで、男ひとりの暮らしにしては、いつも小ぎれいに暮らしている」と自慢そうな表情を浮かべる。

「自宅を開放する」というとたいへんな気もするが、週一回、それも午後だけなら、どうってことはない。曜日を決めることで生活にリズムができるうえ、やはり人と出会い、人と一緒に過ごす時間から張り合いを与えてもらえるのだ。

何かを提供すれば、必ずそれに見合うものが還ってくる。この例に登場する二人は、それぞれ場所を提供することによって、生活のリズムと人づき合いの広がりという大きな見返りを得ているのではないだろうか。

第四章　簡単！　快適！
ひとり暮らし生活術

❖至極のご飯は、土鍋で簡単に炊ける

ひとり暮らしでちょっと面倒に感じるのは、ご飯を炊くことかもしれない。

ひとり暮らし用の小型の電気炊飯器もあるが、それでも一カップ程度の米を炊くと釜の底にへばりついたような炊きあがりで、見た目も寂しく、味もふっくらとまでは望めない。やはりご飯というのは、ある程度の量を炊いてこそ出る味わいがある。

そこで紹介したいのが、ご飯炊き用の土鍋である。鍋物に使う土鍋よりもカサ高になっていて、ご飯がふっくら炊きあがるように工夫されている。

ちょっとした食器店や百貨店ならどこにでも置いてあるといってもいいほど人気があり、いまやひとり暮らしの必須アイテムになった感さえある。そのうえ、ご飯炊き用の上等な土鍋でも一万円前後。数万円するものも珍しくない最近のハイテク炊飯器よりかなり低価格なのもうれしい。

おまけに土鍋は炊きあがるのも速い。一合（一八〇ミリリットルのカップ一

杯）の米を炊きあげるのに十五、六分程度と、電気炊飯器よりずっと短時間ですむのだ。

前夜のうちに米一カップをとぎ、土鍋に入れて適量の水も加えておく。朝起きたら、土鍋を火にかけ、やや弱火にしてタイマーを八分にセットする。それから洗顔、メイクの下地づくりをすればいい。男性なら、ひげを剃ったころにタイマーがピピッと鳴る。今度はごくごく弱火に調整して、タイマーを七分か八分にセットする。むらし加減は人によって好みがあるので、好みのむらし時間を割り出しておくとよい。

このむらし時間を使って、手早くメイクを仕上げたり身支度を整えているうちに、朝食が出来上がるという寸法だ。

炊きたてのご飯がどんなにおいしいか、こんなエピソードを耳にしたことがある。

食通で鳴らしたある大旦那が、なじみの高級料亭に行き、女将《おかみ》にこんなリクエストを出した。

「たいていのうまいものは食べてしまった。美食や珍味にも驚かなくなっている。でもまだ、うまいものを食べたいんだ。何か見つくろってくれないか」

こんな難題を出されたのだが、女将は「はい、承知いたしました」と平然と請け合い、しばらく姿を消した。

大旦那は冷えたビールを傾けながら、なじみの芸妓と世間話に興じている。

小一時間もしただろうか、女将が姿を現した。後ろには板長がおひつを持って控えている。この食通の大旦那のために女将が用意したのは、炊きたての白いご飯だったのだ。板長がついてきたのは、大旦那の前でアツアツのご飯を、手を真っ赤にして握るためである。

まずはと、簡単に塩むすびが出された。小皿には鮭を焼いてほぐしたものや、紀州産の南高梅の梅干し、小さく刻んだ京漬け物などが用意されており、大旦那の次のリクエストを待っている。

だが、大旦那は塩むすびを二つ食べて大満足だったという。炊きたてのご飯は、どんな美味にも珍味にも勝るのである。

土鍋ならではの、米一粒一粒が光っているようなみごとな炊きあがり。これに納豆や生卵をかけただけで、すっかりご馳走を食べた気分になる。

　こうして上機嫌で朝を始めれば、今日もひとり暮らしの一日が輝かしいものに見えてくる。

❖ご飯は炊きたてをラップ＆冷凍する

　スイッチさえオン、すれば、あとは手間いらずだから、「炊飯器は、やはり便利だ」という人も多いだろう。

　そんな場合は一週間分ぐらいを一度に炊いてしまうといい。人によって量は異なるが、三〜四カップ分が炊きあがったら同時に、炊飯器のスイッチを切ってしまう。要は、保温機能を使わないのだ。

　そして、すぐに一食分ずつに分け、ラップに包んで、あら熱がとれたら冷凍庫に。

　食べる直前に一食分ずつ取り出して、電子レンジでチン。このほうが炊きたての味にずっと近い。炊飯器の保温は電気料金がかかるうえ、味もがくんと落ちてしまうのである。

おいしいご飯が確保できれば、ひとり暮らしの食事対策は、半分以上クリアできたといってもいいだろう。

白いご飯に、塩鮭の切り身一つと漬け物、そこに味噌汁でもつければ、十分に満足できるのがシニアのいいところ。上等の塩昆布のいただきものなどがあれば、冷凍ご飯をチンして、さっそくお茶漬けにしてさらさらっといく。

若いときほど大量に食べるわけではないのだから、米はちょっと奮発し、できるだけ上等のものを買ってみたい。店頭で精米してくれる米屋もあるので、こんなところにもこだわると、ご飯はぐっとおいしくなる。

米だけではない。ひとり暮らしシニアなら、食材はできるだけケチるのをやめよう。「食材はケチらずに」といっても、トマトが二種類あったら高いほうを買うという程度のことである。だが、この少しの差で鮮度はかなりちがうし、おいしさもちがうことに気づくようになるはずだ。

店頭で一山いくらと表示して売っているカゴ盛りの野菜は、食べ盛りの子どもがいる家庭ならおすすめだが、ひとり暮らしでは一度に大量に買っても持てあますだけ。結局、しばらくして捨てるはめになる。たくさん買ってもあまらせるだけだから、上等のものを少量ずつ買う。素材がよいものなら、焼くだけ、簡単に煮るだけというようなシンプルな調理法で十分においしい。これにおいしいご飯があれば、ひとり暮らしの食卓はわびしいなんてことはなくなるのだ。

◈一汁一菜！ 味噌汁はご飯の必需品

最近は、たいていのおかずは売っている。肉じゃが、きんぴらごぼうなど、なつかしいおふくろの味。あるいはグラタンやクリームコロッケなど、「たまには食べたいけれど一人分をつくるには手間がかかるな」と考えてしまうもの。そういうものも買える。多少奮発すれば、名料亭やホテルメイドの美味にも出合える。

多少高いものを買っても、財布に響くほどの金額にならない点も、ひとり暮らしのいいところだ。

だが、市販品では手に入らないものもある。それが、できたての味噌汁だ。一汁一菜という言葉もあるほどで、汁物があると「ちゃんとしたご飯」という感じになるから不思議ではないか。

とはいえ、一人分の味噌汁をつくるのはけっこう面倒くさい、と思っている人が多いようだ。ダシをとって、具を煮て、味噌をとき入れる。そんなふうに四角四面に考えるから面倒になってしまうのではないだろうか。

小鍋に水を入れ、ダシの素をパラリ。ここに冷蔵庫の野菜室に残っていた野菜類をなんでも適当に切って放り込み、柔らかくなるまで煮る。こうすれば残り野菜もムダなく食べられるし、じゃがいもや里芋などの芋類、にんじん、だいこん、かぶなどの根菜類が入っていると、それだけで、けっこう食べごたえのあるおかずになる。

具に火が通ったら、味噌をとき入れる。このときも、味噌こしを使ってなどと本格的にする必要はない。スプーンで適当な量をかき出してドボンと入れ、菜箸の先でかき混ぜればいいのだ。

ただし、味噌を入れたら絶対に沸き立たせないこと。せっかくの味噌の香りが消し飛んでしまう。おいしい味噌汁のポイントは唯一、ここだけといってもいいくらいだ。

Cさんは、野菜があまるとその場でトントンと刻み、素材ごとにラップに包んでファスナー付きのポリ袋に入れておく。だいこん、にんじん、玉ねぎ、芋類など……。味噌汁をつくるときは、そこから刻み野菜を取り出して適当な組み合わせで入れ、ときにはワカメや豆腐、油揚げなど他の具も加えて、ダシ汁でひと煮たち。味噌を溶き入れて出来上がり！　という寸法だ。

そうはいっても、一人分の味噌汁はミルクパンに一杯ぐらいの分量だ。そんな少量はつくりにくいというなら、香りたつ味噌の味を楽しむのは最初の一回でよしと納得し、一度に三回分ぐらいつくり、二回目は電子レンジにかけられる器に移してチンして楽しむ。

このときに、菜の花、きぬさやなどの青味を加えたり、みょうがや刻みねぎなど、季節感のあるものや、香りたつ一品を加えると、できたての味噌汁にひけを取らない味わいになる。

三回目は、豚肉の切れ端を入れて豚汁に変身させてもいいし、卵を落として半熟に煮てもおいしい。残りご飯やうどん玉を入れて、雑炊や味噌うどんに変身させる手もある。

毎回、味噌の量がわからず、濃くなりすぎたり薄すぎたりしてしまうという場合は、水の量と、自分にとってベストの味になったときの味噌の分量をメモして、キッチンの引き出しにでも入れておくとよい。

それも、○○cc、○gとメモするのではなく、「水：カップ一杯半、味噌：カレー用スプーンすりきり二杯」のように、いつも手近にあるもので量れるように書くのが秘訣。

何であれ、コトを大げさにしないように。ひとり暮らしの気楽さを満喫するには、これが原則である。

❖リゾットやカレーも電子レンジで「チン」

「一人分の料理をするのは面倒くさいなあ」と億劫になる気持ちもわかる。結果的に、つくりすぎてしまい、昼も夜も同じおかずを食べるようになることも少なくない。

だが、電子レンジを活用すれば、一人分のご馳走が短時間で、驚くほど簡単にできることを知っておきたい。「電子レンジ使用可」と明記してある食器ならば、最初から食卓にのせる食器で調理すればいい。洗いものも減るから、後片づけもラクになる。

たとえば、きのことカニ、粉チーズ、ほかに牛乳などの常備食品があれば、ほんの十分ほどで本格的なクリームリゾットを楽しめる。

エリンギ、生しいたけなど、きのこを薄切りにする。カニは軟骨を取って身をほぐす。別に水一カップ、牛乳二分の一カップ、スープの素（顆粒）少々、ガーリックパウダー少々を混ぜ合わせておく。

深皿に米三分の一カップをとがずに入れ、上にきのこ、カニをのせ（このとき、飾り用にカニを少量、取り分けておく）、混ぜておいたスープと牛乳を加えてひとまわし。平らに整え、バター大さじ二分の一をのせ、ラップをふんわりかけて電子レンジへ。最初は「強」で六〜七分。ふつふつとしてきたら、「弱」に切り換えて約十分。粉チーズ大さじ一を加えてひと混ぜし、最後に飾り用のカニを散らし、粉チーズも少量ふって出来上がり。

タイ風カレーが好きな人なら、ココナッツミルク入りのスープカレーにチャレンジしてみよう。

小さなカップに、チューブ入りのおろしにんにく、おろししょうがをそれぞれ一センチぐらい絞り出し、それにカレー粉、ケチャップ各大さじ一、スープの素（顆粒）小さじ二、ココナッツミルク一カップ、水二分の一カップを合わせておく。

耐熱ボウルにパプリカ半分、エリンギ一本、長ねぎ半分を適当に切って入れ、塩、こしょうして、小麦粉をまぶした鶏の手羽元（チキンウイング）二〜三本を並べ入れ、上から合わせておいた調味料をまわしかける。この状態でラップをふんわりとかけて電子レンジへ。およそ十分チンして完成するから、ご飯にかけていただく。

焼き豚やスペアリブも電子レンジを活用すれば、ごく短時間で出来上がる。

焼き豚は、豚の固まり肉にしょうゆ、砂糖、酒、おろしにんにくなどを合わせたものをもみ込み、ラップをかけずにレンジで九分、チンする。レンジから出し、冷めるのを待って、ボウルにこびりついているタレもこそげ落としたら肉から出た汁でのばし、その中で豚肉を転がし、まんべんなく味をなじませる。肉を適当な大きさに切り、タレを敷くか、上からかければ出来上がり。

こうしてみると、要はあらかじめ調味料を合わせておき、材料を切り揃えた上にまわしかけてチンすればOKという調理パターンがわかるだろう。

このバリエーションで、自分なりにご馳走レシピを増やしていこう。

❖合わせダレや変わり調味料で食卓万歳

ひとり暮らしの食事は、つい自分の好みや簡単につくれるものに偏りがち。「そういえば、同じようなものばかり食べているなあ」となってしまう。

そんな食卓に簡単に変化をつけてくれるのが、ひと味ちがった調味料だ。具体的には、中華の甘味噌・テンメンジャンや、ちょっと辛めのトウバンジャンなど。さらに、タイ料理でよく使うピリッと辛味のきいた甘酢も常備しておきたい。

和風なら、田楽みそや酢みそ、からしみそなどもいい。どれも小さなレトルトパックで、二百円程度で市販されている。

サラダ用のドレッシング売り場をのぞくと、梅酢入り、ゴルゴンゾーラチーズ入り、ヨーグルト風味など、趣向を凝らしたドレッシングも手に入る。

こうした調味料を生野菜にかけるだけで、かなりのバリエーションが楽しめる。豆腐やスティック野菜にテンメンジャン、トウバンジャン、酢みそ、からしみそなどをつけるだけでも、けっこういけるのである。

ベトナム料理でおなじみのライスペーパー（軽く湿らせるだけで食べられるので、ひとり暮らしの食卓には重宝）に、あり合わせの野菜の細切り、肉、刺身用のイカ、エビなどを包んでエスニックソースで食べれば、残り物利用でも異国情緒豊かなご馳走の食卓に早変わりする。

オーブントースターで市販のローストチキンをカリッと焼いて、皮をつけたまま一口大のそぎ切りにする。長ねぎ、きゅうり少々も細切り。市販の生春巻きの皮を半分に切り、チキン、長ねぎ、きゅうりをのせ、テンメンジャンも添えて包んで食べる。これも北京ダックにひけを取らない、なかなかの味わいだ。

ときには、デパートの食品売り場をすみずみまで歩いたり、高級食材スーパーに行ってみると、まだまだいろんな使い道がありそうな合わせ調味料が見つかるはずだ。

❖鍵を預けるなら「ワンメーターの友人」に

最近の建物は、うっかり鍵をなくすと、自分の家でありながら絶体絶命！ どこからも入れない構造になっている。マンションは玄関だけが出入口だし、一戸建ても窓は強化ガラスが多く、ガラスを割って手を突っ込んで鍵を開けて入るなんてことはできない。

仕事に疲れてようやく家に帰りついたら、アレ、鍵がない。どこに落としてき

たのだろう⁉

こんなときほど、ひとり暮らしがつらいと感じることはない。家族がいれば、電話して帰宅を急いでもらえばいい。あるいは、帰宅予定時間がわかれば、それまで近所でコーヒーでも飲んでいればいい。問題解決の道が見えれば、ヤキモキしなくてすむものだ。

だが、ひとり暮らしではそうはいかない。いくら待っても誰も帰ってはこない。

頼みの綱は鍵屋だけ。夜遅く、鍵屋の電話番号を調べて呼んだという人に聞いたところ、たっぷり一時間以上は待たされ、そのうえ、かなりの料金を請求されたそうだ。

それだけではない。鍵をなくした場合は、安全管理上からも、鍵をすべて取り替えたほうがいい。ドアの鍵の全取り替え、これもバカにならない金額になるのである。

その出費をしたくないばかりに、深夜、ふだんはまったくつき合いのない隣室のチャイムを鳴らし、「鍵をなくしてしまいました。玄関でいいので一晩、寝かせてください。明日会社から帰ったら、なんとか善後策を講じます」と交渉し、朝まで隣家で寝かせてもらったという豪の者もいるそうだ。

「そんな勇気はとてもない」という人は、ふだんから鍵の備えは二重、三重にしておくことだ。これも、ひとり暮らしの生活には欠かせない対策なのである。

まず、つねに鍵は二つ持っていること。予備の鍵はめったに取り出さないところにしまっておく。化粧ポーチの底に、小さなポリ袋に入れて貼りつけてあるという女性もいる。ふだん使う鍵はキーホルダーに通して腰のあたりにつけているという男性なら、予備の鍵は同じく小さなポリ袋に入れて、札入れやカード入れに貼りつけたりするといい。

ただ入れておくだけでは、予備キーを落とすこともある。しかも、落としたことに気がつかないままでいて、不意の入り用のときに初めて、予備キーも落としていたことに気づくという皮肉なことになりかねない。

そこで、さらに念には念を入れて、タクシーの初乗り区間ぐらいで行ける範囲内に、鍵を預けられる、信頼できる友達をつくっておこう。

隣家と親しくなって、鍵を預けておけば理想的だと思うだろう。だが、ものが鍵だけに、あまり近くに住んでいる人だと、「留守中に家に入られるかもしれない」という心配が出てきてしまう。

物盗り目的ではなくても、他人のプライバシーをちょっとだけのぞいてみたいという誘惑にかられることがないとはいえないからだ。

少し離れたところに住む人だってもちろん、その可能性はゼロとはいえない。だが、他人の家をのぞき見るという行動は、おそらく衝動的なものだから、多少でも移動時間がかかれば冷静さを取り戻し、実行にはおよばないことが多い。

予備キーの預け先が一カ所だけだと、必要なときに遠出していたりする可能性がゼロとはいえない。二カ所に預けてあれば、二人ともが遠出をしていたという確率はかなり低いから、より安心だろう。

❖ ひとり暮らしをサポートする薬品リスト

時々体調を崩すと、「ひとり暮らしはしみじみつらい」と思えてしまう。二、三日で元気を取り戻せば、つらいと思ったことまで、けろりと忘れてしまうのだが……。

日頃から、気軽に人を頼るわけにはいかないというひとり暮らしの現実に直視し、少しでも体調に異変を感じたら、無理をしないで休んで寝てしまおう。「寝薬」という言葉もあるくらいで、少々の不調なら、早めに寝れば翌朝にはケロリということも少なくないのだから。

ひとり暮らしを不必要に不安にしないためには、いつも薬品と食べ物、飲み物のストックは確保しておくことだ。缶詰やレトルトのスープ、おかゆや口当たりのいいジュースは風邪ぎみのときの必需品。愛飲しているお茶やペットボトルの水なども、二〜三日分のストックを切らさないようにしておこう。

もっと大事なのは常備薬だ。ゾクッときた段階ならば、市販の風邪薬でもかなりの効果を発揮するものだ。また、ケガをしたときに救急処置ができる薬品や、ばんそうこう類もリストに欠かせない。

健康保険組合などから常備薬のおすすめの案内がくることがある。そうした機会に、あるいは年に一回程度、薬箱の中を点検し、期限切れの薬がないかチェックしよう。あれば、新しいものと入れ換えておくとよい。
揃えておきたい薬品その他は、次のとおり。
●風邪薬　●解熱剤　●鎮痛剤　●健胃消化剤　●整腸剤　●目薬　●傷薬　●傷の化膿どめ軟膏　●かゆみどめ　●うがい薬　●のど痛用のトローチ　●湿布薬　●ばんそうこう　●包帯　●体温計
薬には使用期限があるので、箱から出して保管する場合は、購入年月日か使用期限年月日を容器に明記しておく。

シニアになると、高血圧や糖尿病などの持病がある人も増えてくる。医師から投薬を受けている場合は、一緒に飲んではいけない薬もあるので注意しよう。

❖ 救急車を呼ぶことをためらわない

「うちの子がヘンなんです！」と119番コール。救急車が到着したところ、ヘンだったのはワンちゃんだった。そんな笑えない話が珍しくない。イヌは言語道断だとしても、二日酔いや、ちょっとした火傷《やけど》やケガで救急車を呼びつけるのは控えたいものだ。

救急車というのは、あくまでも急いで病院に搬送しなければならない緊急事態だけに利用するものだと、あらためて心に留めたい。

だが、シニアに限れば、昔気質の人がまだまだ多く、救急車の利用を遠慮してしまうケースのほうが多いのではないだろうか。事故や体調が急変したときには、むしろ早めに救急車の出動を依頼するくらいでよいはずだ。

救急車は「119番」ということは、誰でも知っている。だが、消防庁によると、「あわてているのはよくわかるが、それにしてもわけがわからない電話が多すぎる」そうだ。

「119番」電話は火事と救急に対応しているから、まず「消防庁です。火事ですか、救急ですか」と聞かれる。

ここではっきり「救急です」と答えよう。

次に、所在地を聞かれる。必ず「東京都○○区××町×番×号　○○コーポ△△号室です」のように答えよう。

現在、消防庁の電話はコールセンターが対応していて、地域の消防署が出るわけではない。「二丁目の郵便局の角を曲がったところ」などといっても、どこだかさっぱりわからないのだ。だが、仮に正確に答えられなくても、コールセンターには電話がかかってきた地点を確認する機能があるため、消防車や救急車が来ないことはないので心配は無用である。

次に、事故か急病か、さらに現在の症状も伝え、電話番号と名前を告げる。オートロックのマンションならば、玄関の鍵の開錠方法も伝えておくといい。

落ち着いていえば、以上で一分かかるか、かからないかの程度だ。あわてていい直しを繰り返せば、それだけ時間のロスになり、むしろ連絡が長引いてしまうものなのだ。

救急車が到着するまでに、家の鍵、携帯電話、保険証、多少のお金を用意し、さらに、かかりつけの医師の連絡先、投薬を受けている薬があれば、それも持参したほうがよい。

日頃から緊急連絡先をメモして、財布の中に入れておいたり、玄関先などわかりやすいところに貼っておくと、大きな病気やケガの場合、とくに本人の意識がはっきりしない場合などに、救急スタッフが対応しやすくなる。ひとり暮らしに絶対欠かせないのは、こうした配慮なのである。

❖電化キッチンで火の用心！

年齢とともに増えてくるのが物忘れ。「じっくり煮込むと格別の味になる」なんて思っているうちに真っ黒に焦がしてしまい、料理はもちろん鍋まで台なしにしてしまった、という経験はないだろうか。

こうしたことが重なると自信を失っていくし、何よりも火災の危険がある。台所の火の不始末からの出火は、火災原因の約一七％を占めている。高齢者に限れば、この率はもっと高くなるだろう。

そのうえ、火災は自分の家だけですまない場合が少なくない。ひとり暮らしシニアは、一にも二にも、火の元には注意しなければいけないのだ。

火災防止対策に最も有効なのは、キッチンを電化することだ。できれば六十五歳ぐらいになったら、熱源をＩＨヒーターに切り換えたい。ＩＨとは電磁誘導加熱（Induction Heating）のことで、磁力線の働きで鍋自体をヒーターのように発熱させるシステムになっている。

うず巻き状のコイルから発生する磁力線によって、上に置かれた鉄鍋の底にうず電流を生じさせる。鉄は電気抵抗があるため、流れる電流が熱に変わり、鍋の底板が熱くなるというものだ。

火加減も思いどおりにコントロールでき、タイマーがセットされているものが多いので、料理の失敗もなくせる。

熱を発しないので火傷の心配もなくなり、ひとり暮らしシニアには、強い味方といっていい。

❖ タイマーだけで鍋焦がしはなくなる

予算の関係などから、すぐにキッチンを電化することは難しいという人にも、数百円の投資で鍋焦《こ》がしをなくせる秘密兵器がある。キッチンタイマーを使うのだ。その代わり、火にかけたらいつも必ずタイマーをセットするように、徹底的に習慣づけることが大切である。

よく、「鍋を火にかけたら、そばを離れないようにしていますから」という人がいる。だが、火にかけたところにピンポーンとチャイムが鳴る。宅配便の受け取りだけだからと火をとめずに玄関へ向かったとしよう。

玄関を開け、宅配便の配達員と応対しているところに、お隣さんが通りかかった。「いいお天気ですね。お出かけですか?」と挨拶だけのつもりで声をかけたところ、ついつい話し込んでしまい、気がつくと台所から煙がもうもう、なんてこともあるのだ。

だが、「火にかけたらタイマー」が習慣になっていれば、必ず途中で「ピッピッ」と甲高い音がする。

これで、鍋を火にかけたことを思い出さないようなら、もう、ひとり暮らしは無理だと諦めるほかはない。タイマーを使えば、煮すぎたり煮足りなかったりの失敗も防げるようになり、一石二鳥のはずだ。

❖消火器は使えて初めて役に立つ

ほかにも、火災の原因になりそうな点をチェックする必要がある。タコ足配線で電気器具を使っていないだろうか。コンセントにほこりがたまっていないだろうか。ガスレンジ付近に、殺虫剤などのスプレー缶を置いていないだろうか。

これらは、ひとり暮らしシニアにありがちなことだが、いずれも失火の原因になりやすいので要注意だ。

玄関の外脇に古新聞や雑誌など燃えやすいものを置いておくこともやめよう。通りすがりにタバコの吸殻を捨てる人がいないとはいえないからだ。

それから、消火器を備えておくことはいうまでもなく、しかも使い方を絶対にマスターしておくこと。

消火器が備えてあるので安心だと思い込んでいる人は意外に多いが、いざとなると使い方がわからず、結局、無用の長物と化したというケースは少なくないのだ。

消火器に書いてある使用法は小さな字なので、高齢者は老眼鏡なしでは読みにくい。

「えーと、メガネ、メガネ」などと探しまわっているうちに、メラメラと燃えあがってしまったというのではシャレにもならない。

消火器の使い方は、メガネなしでも読める大きな字で書き出し、勝手口などに貼っておくようにしよう。

また、マンション内や近所で消防訓練などが行なわれたら、積極的に参加して消火器の使い方を練習しておくとよい。

ただし、たとえ消火器が使えるとしても、炎が高く燃えあがってしまったら、自分で何とかしようとしないで、助けを呼ぶことがいちばん大事だ。玄関か窓を大きく開け、隣近所に向かって「火事で～す。助けてくださ～い」と大きな声で叫ぼう。

火事は、燃え広がれば隣近所にも被害が出るのだから、日頃は近所のつき合いがない場合でも、誰かが飛んできてくれるはずだ。

❖行動は往復でワンセット

ひとり暮らしシニア最大の問題は、部屋を片づけなくなっていくことではないか。家の中には自分以外の人の視線がない。かなりきれい好きだった人も、気がつくと脱いだ服が椅子の背に垂れ下がっていたりするのである。

ひとり暮らしなのだから、散らかすのは自分しかいない。ついでにいうと、片づけるのも自分しかいない。だが、どうやら自分は散らかすよりも片づけるほうが苦手らしい。

散らかった家の中を見てそう感じたら、さっそく行動パターンの修正にとりかかろう。といっても、難しいことではない。片づけるのが苦手なら、散らかさないようにすればいいだけのことだ。

散らかさないようにするには法則がある。その法則とは「行動はすべて、往復でワンセットにする」ということだ。

開けたところは閉める。広げたものは閉じる。出したものは（用がすんだら）

しまう。これを習慣化していけば、ふと気がつくと、出しっぱなしのものはなくなり、使いっぱなしのものもなくなる。

この「行動往復の法則」を身につけると、おまけもついてくる。ものを探さなくてすむようになるのである。爪切り、輪ゴム、何かを貼るときに使うのり、セロハンテープ、救急ばんそうこう、常備薬などなど。年中こうしたものを探してはいないだろうか。

暮らしの相棒がいれば、「おい、爪切りはどこだっけ？」と聞くこともできれば、「こんなところにしまってあった。爪切りのしまい場所はサイドボードのいちばん上の引き出しの右すみって決めてあっただろう？」なんて八つ当たりをして、ストレスを発散することもできる。

だが、ひとり暮らしでは、なくした犯人はまちがいなく自分自身なのだ。探している間につのるイライラは全部、自分で引き受けるしかない。

それに、こうした迷子の小物を探す時間だって、バカにならない。そうでなくても、だんだん物忘れが気になる年代に向かっているのだ。もしかしたら、あっちの部屋で使ったかもしれないと思って別の部屋に足を向けると、部屋に入ったとたん、何をするためにこの部屋にやってきたのか忘れてしまう。こうして、もう一度ふり出しに戻ることも珍しくなくなるのである。

「行動往復の法則」はとどのつまり、イライラをなくし、機嫌よく暮らすための法則にもなるというわけだ。

❖配達サービスは身軽でラクラク

いつまでも若いつもりでいても、六十五歳、七十歳という節目を迎えるたびに、確実に体力の衰えを実感するようになっていく。その一つが、荷物の重みをズシリと感じるようになることだろう。

フリーの編集者としていまも忙しく活躍中のSさんは六十代後半。頭の回転も速いし、キビキビした足どりなど、どこにも老いのかげりを感じさせない。だが、「正直にいうと、ときどき荷物の重さがこたえるなあと感じることが増えてきた」という。

編集者の荷物の重さは想像をはるかに超える。カバンの中には、打ち合わせ資料などの本がいつも五〜十冊。分厚いメモ用ノート、レコーダー、デジカメなど。さらに、取材先で参考資料を手渡されることもある。

これらを詰め込んだ取材カバンは少ないときで五、六キロ。十キロを超える日も少なくない。これを肩に背負っての往復は、高齢者の仲間入りをした女性にはこたえるわけだ。

だが、彼女はさすがに切り換えの早い人で、最近では仕事帰りは、ほとんど小さなバッグ一つと、ごくごく身軽だ。

重い荷物はどうしたのかというと、じつは、取材先近くのコンビニなどから自宅へ送ってしまうのだ。二十三区内から二十三区内なら、夜九時までに待ち込めば翌日午前中に届く。よほど急ぎの仕事でなければ、翌朝から仕事にかかればいい。自宅への宅配便利用で重い荷物から解放され、Sさんの活躍ぶりにはさらに磨きがかかっている。

配達サービスをどんどん利用することは、ひとり暮らしに限らず、現代の生活の知恵といえるだろう。デパートで配達を依頼すると、都内やその近辺に送る場合は、配達料金は三百円程度のところが多い。スーパーは五千円以上まとめ買いをすれば、配達料がかからないところもある。重たいもの、かさばって持ちにくいものなら、インターネットショッピングを利用するのも一つの手だ。

旅行のときも、荷物は宿泊先の旅館などに前日に発送してしまい、日中の観光に必要なものだけ携行する。こうすれば、ふだんの外出バッグにデジカメを加える程度でＯＫとなるはずだ。

帰りも、おみやげはもちろん、もう必要のない荷物は旅先から自宅へ発送してしまう。

「送料がもったいない」という人がいるかもしれないが、ものは考えよう。重い荷物があるために、駅から自宅までタクシーに乗ったり、翌日になって肩がこって、マッサージを受けたりすれば、宅配便代のほうがずっと安くつく。

こうしたコストは「シニアコスト」だと割り切り、ラクなほうを選ぶことも、シニアライフをハッピーに送るコツである。

◈「がんばらない」が合言葉

何でも自分ひとりでやろうとがんばりすぎる人がいる。しかし、意外なようだが、こんな人はひとり暮らしには向いていない。

どんなにがんばろうと思っていても、人は年には勝てないものだ。「何が何でも自分ひとりでがんばるぞ」と気張りすぎる人は、こうしたときに発想の切り換えができない。結果的にはそれだけ早く、ひとり暮らしに限界がくる。つまり、ひとり暮らしでがんばろうと意地を張れば張るだけ、ひとり暮らしを続けられなくなる日が早く訪れてしまうという、皮肉な結果になるのである。

たとえば、久しぶりに家具の配置を変えて、気分を一新したいと考えたとしよう。でも、ひとりで大型家具を動かすのは大変だと、つい一日延ばしになってしまう。ふと気がつくと、家具の配置替えを思いついてから半年、一年と経ってしまっている。

これでは気分を一新できないどころか、思い立っても少しも実行しない自分にいらつき始めるはずだ。そして、思わぬストレスをため込んでしまう。

こんなときは割り切って、プロの手を借りたほうがいい。

最近は、ひとり暮らしシニアが増えているからか、便利屋さんビジネスが大流行。「タウンページ」を開けば、家具の移動の依頼先は簡単に見つかるはずだ。

Nさんは七十代半ばを過ぎた女性。夫とは三十数年前に離婚し、二人の子どもが独立したあとはひとり暮らし。もう十年以上ひとり暮らしをしているだろうか。古い団地住まいだが、積極的にリフォームして、狭いながらもすっきり使いやすく暮らしている。

感心するのは、いつ行ってもベタベタ汚れなどがたまっていないこと。といっても、彼女は「ベタベタ油汚れの掃除なんか大嫌い。でも、汚れているのはもっと嫌い」というくらいだから、せっせと自分で掃除をしているわけではない。

年に一回、プロの掃除屋さん（クリーンサービス）に依頼し、台所と浴室の二カ所だけ、徹底的に掃除してもらっているという。料金は四万～五万円程度だそうだ。これで、ふだんは手の届く範囲を雑巾がけしているだけで、気持ちよく過ごせる。「それを考えると、数万円の出費はけっして高いものではない」と彼女はいう。

部屋の模様替えが趣味だというNさんは、家具の移動、粗大ゴミの搬出なども便利屋さんに依頼している。古い団地だからエレベーターがない。三階の住まいからタンスやソファーを運び出すのは、七十代の女性には無理な話だが、便利屋さんに依頼すれば、あっという間で模様替えも即完了となる。

ひとり暮らしでも、ときには人の手を借りたいことがある。そんなとき、便利屋さんは文字どおり本当に便利な存在だと覚えておこう。

❖知って得する！　シルバー人材センター

家事のちょっとした手伝いから、庭の草取り、庭木の剪定《せんてい》など、人手を借りたいときはないだろうか。ほかにも、換気扇の清掃、エアコン清掃、家具の移動、粗大ゴミの戸口搬出、網戸や障子・クッションフロアの張り替えなどを、リーズナブルな料金で依頼できるのが、自治体が運営しているシルバー人材センターだ。

シルバー年代でなければ利用できない制度だと思っている人も多いようだが、仕事をする人が六十歳以上である（地域が多い）だけで、利用するのはその地域の住民であれば誰でも利用できる制度だ。

しかも、料金は一般のヘルパー派遣に比べるとかなり格安になっている。東京都武蔵野市の例を紹介すると、「家の仕事（家庭内清掃、食事の支度、洗濯、留守番、買い物、植木の水やりなど）」は午前九時～午後五時の間は、一時間一〇七〇円が目安（それ以外の時間帯は一一八〇円）。ほかに交通費実費がかかる。

シルバー人材センターを積極的に活用しているのは、五十代のひとり暮らしのKさんという女性だ。彼女は四十代後半で夫を亡くし、子どもがいなかったこともあり、それから仕事を始めた。もっとも、忙しいときだけ声がかかる派遣店員なので、忙しいときと暇なときの落差がある。

暇なときには旅行や芝居見物、美術展めぐりなどの趣味も大いに楽しんでいるが、そんな自由で楽しい暮らしを支えてくれるのが、シルバー人材センターだという。

彼女はイヌとネコを飼っているが、旅行に出かけるときは、シルバー人材センターに依頼して、イヌの散歩とイヌ・ネコの餌やりなどをやってもらっている。庭木が伸びてくれば剪定を依頼するし、夏になれば庭の草取りもお願いする。毎年十二月には、障子の張り替えも頼んでいる。数千円で真新しい障子で新年を迎えられるのだから、ありがたいと感謝しているくらいだという。

武蔵野市のシルバー人材センターでは、病人の付き添い・通院の補助、幼稚園・保育園の送迎、子どものお守りなども依頼できる。

多少のお金はかかるけれど、それを「ひとりの老後」のコストだと考えられるかどうか。また、こうした制度を積極的に活用できるかどうか。それはある意味で、心の柔軟性を計る物差しといえるのではないだろうか。

さらに、心を柔軟にして、シルバー人材センターに働き手として登録しておくことも積極的に考えてみてはどうだろう。

銀行員だったHさんは、シルバー人材センターで障子やふすまの張り替えの訓練を受けて、いまでは依頼があれば、いつでもどこにでも喜んで飛んでいく。

「年金で日々の暮らしに不安はないが、人の役に立っているという意識が持てることが何よりうれしいのだ」と笑っている。仕事をして得たお金は、ユニセフに寄付するなど、さらに人に役立つことに還元しているそうだ。

子育て経験を生かして、シルバー人材センターで子育て支援をしたり、家事の手伝いをしたりしてもいい。

依頼人はひとり暮らしのシニアも多い。いろいろな人と接することから視野が広がり、ひとり暮らしをうまくやっていくための情報も豊富に得られ、一挙両得という面もある。

一度、シルバー人材センターをのぞいてみてはどうだろう。

第五章　損をしない賢いお金の使い方

❖老後二十五年で総額六千万円!?

人間は生きているかぎり、ある程度のお金が必要だ。とくにひとり暮らしならば、ひとりを存分に楽しむためにも、生活の不備を補うためにも、多少の経済的余裕は確保しておきたい。

いうまでもなく、いくつまで生きるかで老後に必要な資金は大きく変わる。だが、自分がいくつまで生きるかなんて誰にもわからない。そこで一応、平均年齢あたりを目安にして考えることになる。両親や祖父母などがかなりの長寿だったら、その遺伝子を引き継いでいる可能性は大いにあるから、平均年齢に多少の上乗せをしておけばよいかもしれない。

まず、毎月の生活費。住宅費を別にして衣食にかかるお金は、一般的には現役時代のおよそ七〇%といわれている。住宅費を別にするのは、現役でなくなったからといって、家賃や管理費が割安になるという制度は日本にはないからだ。これぱかりは、老若男女かかわらず、平等にかかってくるものである。

○１カ月の生活費の内訳（住居費は除く）

食費	3.5万円
光熱費	2.5万円
家具・家事用品	0.5万円
被服・履き物など	1.5万円
保健医療	1万円
交通・通信	2.5万円
教育・教養・娯楽	1万円
保険料（介護保険・健康保険・火災保険・地震保険などの損保・車があれば自動車保険なども）	3.5万円
その他（仕送り・交際費・こづかいなど）	4万円
合　計	20万円

※各種調査結果をもとに生活実感を加味して作成

具体的にいくらぐらいかかるか、その目安となるのは、日銀の金融広報中央委員会が発表する『家計の金融行動に関する世論調査』平成二十一年）あたりだろう。

この調査によると、「老後に必要な生活資金は一世帯平均二十六万円」となっている。もっとも、これは二人暮らし以上の場合。ひとり暮らしなら二人暮らしより多少は少なくてすみそうだから、月々二十万円で計算してみよう。

毎月二十万円として、年間で二百四十万円。二十五年間ではなんと六千万円もの大金が必要になるのだ。月々二十万円と聞けば、なんとかなりそうだと感じるが、総額六千万円と聞くとギクリとする人も少なくないのではないか。

家賃の支払いが必要な人は、家賃分を上乗せして計算する必要がある。マンション住まいなら、管理費や積立補修金の支払いがずっと続く。

だが、これが目をそむけては通れない老後資金の現実なのだ。こうして総額を把握すると身が引き締まってくる。同時に、しっかりやっておかなければ、という覚悟も生まれてくるだろう。

でも、大丈夫！　みんな何とか老後を生きているのだ。実際に、高齢者の先輩は何とか暮らしている。人間には、現実に合わせて生きていく、しなやかな生命力、生活力が備わっているのである。

そんなに、おびえることはない。だが、老後でもお金がいらなくなるわけではないことを、しっかり自覚しておかなければいけない。

❖ あなたはいくらもらえるのか？

老後が見え隠れする年齢にさしかかってきたら、一度、自分が将来手にできる年金額を試算しておこう。

大量の年金の記録漏れなどさまざまな問題が発覚して、混乱をきわめている年金行政だが、それだけに行政の対応はかなり親切になってきている。お近くの年金事務所または年金相談センターを訪れ、「自分が受け取る年金額を知りたい」といえば、その場で計算してくれるはずだ。

もっとも、国民年金および厚生年金保険に加入中の人には、毎年誕生月に「ねんきん定期便」という通知書が送られてくるので、それによって、年金加入記録を確認することができる。

「ねんきん定期便」の内容は年齢によって異なるが、記載内容をチェックして、記載漏れに気づいたり疑問があれば、日本年金機構に問い合わせてみればいい。

日本は「国民皆年金」を謳い文句にしているが、これはあくまでも年金加入者のみである。国民年金であれ厚生年金であれ、年金の加入（年金の保険料を支払っている）期間が二十五年以上あることが、年金支給の条件になっている。

テレビでこんな話が紹介されていた。

年金をもらえると思っていたら、加入期間が足りないといわれ、年金がもらえないことがわかってホームレスになったという男性がいた。だが、この人の場合、加入期間が不足だというのは社会保険庁の計算ちがいで、少し前からめでたく年金をもらえるようになっていた。

彼にはすでにホームレスの仲間ができている。いまや彼の年金は、仲間を支える貴重な生活資金になっている……という。

世の中にはこんなこともあるのだ。「加入期間が不足している」といわれたら、過去の就業をよく振り返り、ほかにも年金保険料を支払った期間がなかったかどうか、しっかり思い出すようにしよう。

さらに気になるのは、最近の四十歳以下の世代である。国民年金の保険料を払っていない人がどんどん増えているという。その理由を尋ねると、「年金なんてアテにならない。自分たちの時代にはきっと年金制度は崩壊していますよ」というそうだ。

たしかに年金財政の見通しは危うい。だからといって、老後を年金なしで過ごすには、数千万円の蓄えが必要なのである。

それだけの資金を用意できる自信はあるのだろうか。

スズメの涙ほどの年金でも、「ないよりはずっとましだ」と思うようになる日がきっとやってくるのだ。

年金は生涯受け取ることができるから、二十年なり二十五年なり、生涯に手にする年金額の総計は、けっしてスズメの涙とはいえないものになる。

そして、多くの人の老後が年金をベースにしている以上、受給額が少なくなることはあっても、年金がゼロになることはないと信じたい。

◈資産の管理は、他人事ではない

次は、資産の把握にとりかかろう。

ひとり暮らしの老後を支えるのは、はっきりいえば「お金」と「健康」である。この二つの管理がしっかりできないようでは、ひとり暮らしを続けることは困難と思っていい。

貯蓄は、金融商品の種類ごとに分けて、元金と現在高を書き出すといい。金融不況の影響でマイナスになっているものもあるかもしれない。

さらに、すぐに現金化できるものと、満期が決まっているものに分ける。

生命保険、入院保険やガン保険なども、掛け金と保障額（入院時・発病時にはどの程度の保障が受けられるか）を書き出してみる。

自分の家を持っているなら、それも資産に組み入れる。ただし、すぐに現金化はできないし、現金化してしまえば、ほかに住むところが必要になり、家賃負担などが生まれることを念頭に入れておく。

ローンがある場合は、毎月の返済額と借入残高も書き出してみる。ほかに負債がある場合は、それもちゃんと書き出すことだ。

最後まで毅然《きぜん》として、ひとり暮らしを貫こうとするならば、自分の資産についてちゃんと知っておかなければならない。

できれば、銀行や証券会社などでファイナンシャルプランナーに相談を持ちかけ、自分のバランスシートを診断してもらおう。もちろん、銀行に預金があればいつでも相談にのってもらえるが、そうでなくても無料の資産運用の相談会が開かれているので、こうした機会を利用して、自分の運用方法を客観的にチェックしてもらうことも必要だ。

ファイナンシャルプランナーの分析結果などに耳を傾け、お金をどう蓄えればいいか、どう運用するのがいいか考えてみよう。そうした視点から見直してみることも、老後のマネー管理の大事なポイントである。

できれば複数のファイナンシャルプランナーの意見を聞いてみたい。銀行系、証券会社系など、それぞれの立場で意見が異なるケースがあるからだ。

実状や価値観を加え合わせて、自分なりに納得のいくタイプを導き出そう。そして、それを最終的にどう判断するか。それは自己責任ということになる。

悔いのない老後資金管理のためにも、ふだんから金融に関する情報を取り入れ、その理解を深めておくことは、ひとり暮らしシニアにとっては、とりわけ大事なことではないだろうか。

❖持ち家を担保にお金を借りる

資産を把握するときに「自宅はすぐに現金化できない」といったが、自宅を担保にして老後資金を借りることができる。しかも死ぬまで返済しなくていい。その代わり、死後に一括で清算する制度がある。それが「リバース・モーゲージ」だ。

リバース・モーゲージというのは「逆抵当」という意味だが、一般的には次のような制度になっている。

・高齢者が所有（居住）する住宅および土地などの不動産等を担保として、
・生活資金や医療費等に充当する資金や、ゆとりある生活を送るための生活資金の融資を定期的あるいは一時的に受け、
・契約終了時（死亡・転居など）にその担保とした不動産あるいはその他の金融資産をもって一括返済を行なう。

「住宅担保年金」と呼ばれることからもわかるように、自宅に住みながらその物

件価値を活用できるという意味では、自宅保有のひとり暮らしには、うってつけの制度といえそうである。

リバース・モーゲージ制度は市区町村などの公的なものと、信託銀行など民間の制度とに二分できる。公的な制度としては、一九八一年に東京都武蔵野市が全国に先駆けて導入。二〇〇二年からは厚生労働省が高齢者の生活支援事業として取り入れたこともあり、現在はだんだん全国的に広がりつつある。

ただし、現段階では融資の対象になるのは「土地」のみ。融資額は不動産評価額の七〇％が上限で、金利は三％。契約期間は三年程度が多い。

信託銀行など民間の金融機関でも、リバース・モーゲージを扱っているところは多いが、実際にはけっこう厳しい査定があるようだ。

ちなみに武蔵野市では、リバース・モーゲージの抵当物件を、利用者が亡くなったのちに市の所有として、建物を地域の高齢者が集まる場として再活用しているケースもある。自分の住まいが、やがて地域の高齢者の憩いの場として役立つことを想像すると、この制度の意義はなかなか深いものだと感じられる。

❖自動引き落としは、定期的にチェックする

口座からの自動引き落としは便利なシステムだが、支払っているという自覚がだんだん乏しくなるのが大きな欠点だろう。

電気やガスなどの公共料金、保険料、電話やインターネットの通信料、ケーブルテレビの契約料など、いろいろな自動引き落とし契約を結んでいないだろうか。

毎年一回、たとえば誕生日になったら、自動引き落とし契約になっているものを見直すようにしよう。このとき、それぞれの契約がはたして自分に本当に必要なものかどうかを見直すことも、忘れずにしたい。

電気やガスなどの公共料金も、銀行引き落としだと毎月ほとんど意識することなく支払ってしまうが、現金で支払うと毎月の金額の動きから使用量をチェックする姿勢が生まれる。コンビニが近くにあれば、二十四時間いつでも気軽に支払える。支払いに行く時間は十分あるのだ。この際、「自動引き落としをやめてみ

る」という選択肢もある。

インターネットの通信料は、自分の毎月の使用頻度がわかったところで、それをカバーする最低範囲のメニューに契約し直すようにしよう。ふだん、ほとんど使うことがないのに毎月数千円のプロバイダ料金を引き落とされているケースも少なくないからだ。

有料チャンネルなども同じことだ。自分の好きな趣味のチャンネルを契約しても、はたして、それをよく見ているだろうか。

映画専門のチャンネルを契約した友人は、契約した当時はしょっちゅう自宅で名画を見て楽しんでいたが、最近はほとんど見ていないことに気づいたという。映画はやはり映画館の大型画面で、大音量の音響効果があってこそ心を奪われるとわかってきたからだ。

六十歳以上は、全国の映画館で、シニア料金で映画が見られる。気軽に映画館に入れるのだから、なんとも心憎い価格設定ではないか。そのため か最近の映画館は、シニアがけっこう座席を埋めている。

要は、毎月の支払いにときどきチェックを入れてみよう、ということだ。意外なほどムダをしていることに気づくかもしれない。

◈保険は入ればいいというものではない

入院保険にガン保険、火災保険や地震保険、クルマを運転する人なら自動車保険と、もしものときに備えて、いろいろな保険に加入している人が多い。口座からの引き落とし契約をチェックする際に、とくにシビアに点検したいのがこのような保険類だ。

保険会社の競争が激しいこともあり、たとえば入院時の保障つきの保険は、どんどん掛け金が安くなっている。

Kさんは、保険が必要かどうかも考え直した結果、じつは保険加入そのものを取りやめてしまった。最近は、かなり大きな病気をしても、入院期間はどんどん短くなっていることに気づいたからだ。

それに気づいたのは、Kさんの義兄が心臓疾患の手術を受けたことがきっかけだった。昔なら数時間はかかる大手術であり、入院期間も少なくとも一カ月は必要だっただろう。だが、義兄の場合は、カテーテルによる手術で開胸することもなく、そのため入院期間も数日程度だった。差額ベッドを使わなかったこともあり、入院費も数万円程度ですんだという。

Kさんは入院保険に加入してから数年、一度も病院に行ったことがない。今後、入院することがあったとしても、入院保険の掛け金分を預金しておけば、支払いに困ることはないのではないか、と思ったそうだ。

保険の見直しをするよい方法がある。テレビ・コマーシャルなどを盛んにやっている、自分が加入しているのと別の保険会社に相談してみることだ。新規加入の可能性があると見られ、懇切ていねいに細かな見積もりを出してくれる。

❖離婚しても公的年金はもらえる！

ひとり暮らしシニアの中には、熟年離婚の結果、現在はひとり暮らしになったという人もかなり含まれている。

着実に増えているのが、結婚歴二十年以上の離婚、いわゆる熟年離婚である。ご主人が定年になったその日に奥さんが差し出したのは離婚届だった、という話も珍しくなくなった。

その傾向に拍車をかけたのではといわれているのが、「離婚時の年金分割制度」だ。

離婚する場合、それまで専業主婦だった妻も、夫の公的年金を最大で二分の一まで受け取れるようになっているのである。

従来の制度では、サラリーマンの夫が厚生年金と基礎年金（いわゆる国民年金）を受け取れる一方、専業主婦の妻は基礎年金分しか受け取ることができなかった。そのため、それまで専業主婦だった女性が離婚すると、老後の生活基盤は限りなく不安定なものになってしまった。

基礎年金は、生活保護の支給額にも遠くおよばない。基礎年金だけで老後の暮らしを成り立たせていくことは、ひどく厳しいといわざるを得ないのだ。

だが、この年金分割制度により、専業主婦だった女性の老後生活資金の基盤は、かなり改善されるようだ。

ざっくりいうと「合意分割制度」では、相手（つまり、別れることになった夫）との話し合い、もしくは裁判に持ち込み、裁判所の裁定がなければ、分割は実施されない。分割の割合は、最大で二分の一までと決められているが、〇%から五〇%のどの割合で分割するかは、合意の成立または裁判所の裁定によって決められる。

また「3号分割制度」という制度のほうは、第3号被保険者（夫がサラリーマンである専業主婦のこと）が請求すれば、二分の一（固定されている）は分割を受けられるという制度である。ただし、こちらのほうは、分割の対象になるのは婚姻期間のうち、平成二十年四月一日以降の、当事者の一方が第3号被保険者であった期間とされている。

現在、すでに熟年に達している人ならば、長い婚姻期間があったはずだ。合意分割制度で年金分割を獲得するには、相手の合意を得ることが前提になる。別れようとする妻に、気前よく「年金を半分やるよ」という夫が多いとは思えないし、夫側だって老後の頼りの年金が減ってしまうことは大いに困る。

だが、「3号分割制度」が導入されても、平成二十年以後の婚姻期間しかカウントされない。

「これからは夫の年金の半分、もらえるようになったそうよ」と楽観するのは、少し早計といえそうだ。

熟年離婚をして、ノビノビひとり暮らしを始めたいという気持ちを持っているならば、年金分割制度をしっかり調べることが先決だ。最寄りの社会保険事務所に行けば、システムや手続きの仕方などを詳しく教えてくれる。

逆にいえば、夫のほうは、熟年離婚をすると年金もごっそり持っていかれてしまうことを覚悟しておこう。

❖お金はメリハリをつけて使う

ひとり暮らしだからとか、老後だからというわけではなく、ごく限られた人を除いて、月々使えるお金に制限があるのは当たり前のことである。これまでだって、やりくりしながら暮らしてきたはずである。

だが、ひとりきりの老後なのだ。お金の使い方も自由気ままでいい。誰に気がねもいらないし、節約してお金を残す相手もいないのだ。ひとりできれいに使い、息絶えたときに最後のお金を使い切る。「そんな生き方ができたら」と思う人も多いだろう。

とはいえ、いつ最期のときが訪れるかわからないから、どうしても節約気味の暮らしになる。ただし、同じ節約をするなら、できるだけ楽しい節約法を工夫しよう。

Yさんは、仲間の間ではおしゃれ上手といわれている。だが、着ているものは十年以上昔の、キャリアウーマンとして現役だったころのものだ。ワンピースもスーツも、とてもオーソドックスなスタイルのものばかり。流行を追わないオーソドックスなスタイルの洋服の寿命は限りなく長いのである。

その代わり、毎朝体重を計って、太らないように、体型が変わらないように管理している。ダイエットは健康上もよいが、お財布対策にもなるというわけだ。

彼女は若いころからスカーフやストールをたくさん集めていて、それを上手にあしらって変化をつけている。

スカーフを四角いまま、角と角を首の後ろで結んで、スーツのインナー代わりにすることもある。または、鮮やかなストールを二つ折りにして、プレーンなスーツの肩からたらす。それだけで、十分に人目をひきつけるパーティー着に変身させるのだから、スカーフの使いこなしもみごとなものだ。薄手の透明感のあるストールを二枚重ねにして、雰囲気をがらりと変えてしまったり、二〜三本をねじり合わせたり。とにかく、手持ちのものを幾通りにもイメージを変えて楽しんでいるのである。

スカーフやストールはブランド物もあるが、多くは端布を買ってきて、簡単に縁をかがっただけの手製のもの。「色合いや柄で楽しむものだから、それで十分」とYさんは得意げに語っている。

今日も彼女は、ワンピースにストールを組み合わせたおしゃれで、音楽会に出かけていった。音楽鑑賞は、彼女のもう一つの趣味なのだ。毎月一回程度、数千円程度のチケットを買って、音楽の生演奏に触れてくるのである。

ふだんは限られた枠の中できっちり暮らしていても、たまにこのくらいの贅沢は自分に許したい。こういう一日があれば、ふだんの日まで心豊かに暮らせるから不思議なものだ。

◈「お金持ち」より「時間持ち」になる

最近は、限られた収入からでも、かなりの割合を預金してしまう若い人が増えているそうだ。聞けば、「老後や病気など万一のときに備えて」なのだそうだ。

あとさきかまわず、入る端からパッパとお金を使ってしまうのも考えものだが、やりたいことがたくさんある若いうちから「老後に備えての預金」では、ちょっと寂しい人生計画のように思えてならない。

人間、生きているかぎりお金は必要だ。ただ普通に生きていくだけでも、コストがかかる。だが、そのコストはある程度は抑えられる。これも、実際に高齢期に達した人たちの実感だ。

食べ物だって、若いときのようにたくさん必要なわけではない。ちょっと悔しいことだが、たっぷり脂ののった大トロとか極上のウナギなど、ときたま食べれば十分ということになってくる。

食器や家具などはもちろん、着る物まで、必要なものはたいてい揃っている。こういうものを買い換えるのは気分転換には大いに役立つが、どうしても買わなければならないわけではないから、暮らしのコストから差し引くことはできるはずだ。

経済的には多少制限がきつくなる。だが、窮乏感を感じさせる高齢者が少ないのは、彼らが時間をふんだんに持っているからだ。

「時間貴族」という言葉があるが、持ち時間がたっぷりあることも、人生を心豊かに充足感のあるものにしてくれるのだ。

若いときのように、ゲームセンターやテーマパークで時間を費やすようなお金のかかるレジャーではなく、時間をたっぷりかけて楽しさを深めていく。若いときに夢見ていた、そんな時間を心ゆくまで堪能できるのだ。

自治体から支給されるパスを使って、かなり遠くまで小まめに出かけているひとり暮らしシニアの男性もいる。その人の場合は東京都が支給するものなので、都バスや都営地下鉄だけが無料なのだが、上手に乗り継げば、かなり遠くまで足をのばせるそうだ。

とくに彼が気に入っているのがバス。窓外の景色のほか車内外の人間模様を眺めることができ、人間観察をしていると飽きない、という。

「無料パス、今日はどこまで行ったやら」――そんな日々も、あんがい悪くはなさそうだ。

通行料がかかる高速道路を使わず、一般道路をゆっくり進んで格安の日帰り温泉旅行を楽しんでいる人もいる。

もっとすごいのは、自宅を処分してしまい、そのお金で大型のキャンピングカーを買ったツワモノがいる。必要最小限の荷物を積み込むと、足の向くまま（車輪の向くままか）気の向くまま、全国を好きにドライブしているのである。

気に入った土地があれば、その地にしばらく滞在する。そして、知人などに絵はがきを送り、驚く顔を想像して、にんまりと楽しんでいる。この人はいま、なんと北の果ての礼文島《れぶんとう》に滞在中だそうだ。

こんな楽しみ方ができるのも、ひとり暮らしシニアだからこそではないか。老後は、必要以上に縮こまる必要はないということだ。

❖リタイア後にボーナスがもらえる!?

経済状況が現役時代と大きく変わるのは、ボーナスがなくなってしまうことである。現役時代のボーナスは住宅ローンなどに消えたとしても、けっこう大きな楽しみだったとしみじみわかる。失って知るナントカではないが、ボーナスのたび、つまり年に一、二度、財布のひもを思いきりゆるめることができるのは、大きな喜びだったのだ。

Wさんは、定年の少し前に奥さんに先立たれた。子どもはなく、その分いつまでも新婚時代のように仲がよく、休みには二人で小旅行を楽しんでいた。

ひとりになってしばらくは、ぼんやり時間を過ごすことも多かったが、三回忌をすませたころから、ようやくひとり暮らしが軌道にのってきた。

奥さんが生きているころは、家計は全部妻まかせ。ひとり暮らしと年金暮らしがほとんど同じころにスタートしたのだが、最初は月々を決まったお金で暮らすことにかなりの緊張感を覚えていた。

だが、あるときふと思いついて、毎夜寝る前に財布の中のコインを全部、大きなガラスのボトルに入れるようにした。ボトルの口いっぱいになると、中のコインを全部取り出して数える。

驚いたことに、ボトルいっぱいで十万円近く貯まることもあるという。

Wさんはこれを「ボーナス」と名づけ、贅沢なレストランで上等なワインつきの食事をしたり、名旅館として知られる宿にひとりで泊まる旅を楽しんだりして、羽を伸ばすようにしている。

現役時代、たくさんではないが株式投資をしていたPさんは、いまでも株の配当をかき集めると年間十万円近くになる。これがPさんのボーナス。彼の唯一の道楽は競馬で、ふだんは三千円までと決めているが、このボーナスが入ったときはそのお金をドーンと賭け金に使ってしまう。

こんなふうに、自分なりの工夫で年に一回か二回、好きに使えるお金を確保する方法を見つけると、年金暮らしにも楽しい変化が生まれてくる。

贅沢な宿に泊まろうと、競馬ですってしまおうと、誰に文句をいわれるわけではない。こんな日こそ、心中ひそかに「ひとり暮らしバンザイ！」と叫んでいる人も多いのではないだろうか。

❖振り込め詐欺を侮ることなかれ！

Hさんは高等学校の校長まで勤めあげた、見るからに聡明そのものの女性である。三十代で離婚したが、二人の子どもを女手ひとつで立派に育てあげた。長男はアメリカ留学ののち、静岡の大学で研究ひとすじ。長女は結婚相手の仕事の関係で現在はインドで暮らしている。

Hさんのひとり暮らしも、もう十年近くになる。その生活ぶりは何から何まで、ひとり暮らしのお手本にしたいほど、みごとなものだ。

そんな彼女のところにある日、こんな電話がかかってきた。静岡にいる息子さんが、痴漢行為でつかまったというのだ。相手は、多少のお金を支払えば示談に応じてもよいといっている。お金を支払わなければ警察沙汰にするという。「息子に代わってください」と電話の声。Hさんが「息子さんはショックで電話には出たくないといっています」という。息子の性格をよく知っているHさんには、呆然自失の息子さんの様子がありありと目に浮かんだ。

「すぐに三百万円、振り込んでください」と応えると、

賢明なようだが、やはり母親だ。Hさんは日頃から、自慢の息子が研究以外の世界を持っていないことをひそかに悩んでいた。彼女もいないようだから、結婚も考えていないのだろうか……など、口には出さないけれど、本気であれこれ心配していたのである。

だから、痴漢をしたといわれたとき、反射的に、心配していたとおりのことが起こったと思い込んでしまったのだ。

さらに、とっさに頭に浮かんだのは、なんとしても人に知られてはならないという思いだった。公になれば、現在の大学から追われてしまうだろう。恵まれたコースを進んできただけに、息子は立ち直れなくなってしまうかもしれない。

さまざまな思いが突き上げてくる。

気がつくとHさんは、「すぐに必要なお金を振り込みますので、何とか表沙汰にならないようにしてください」と電話口で頭を下げ、銀行に走っていた。

ある女性は、「娘さんが運転する車が暴力団の乗る高級車をこすってしまい、脅されている」といわれ、百万円もの詐欺にひっかかった。

電話の向こうから、「お母さん、助けて」という娘さんらしい声まで聞こえてきたというから念がいっている。娘の声を聞きまちがうわけはないとタカをくくっている人もいるだろうが、動転した耳には、若い女性の声であれば娘の声に聞こえてしまうようだ。

数年前に多発した、いわゆる「還付金詐欺」も再び横行している。「健康保険から還付金が出るようになりました」とか「年金の未払い分があることがわかったので還付します」などといって相手をATM機の前に誘い出す。「それでは還付金を振り込みますから、これからいうとおりに、ボタンを押してください」などとケータイを通じて指示をして、現金を振り込ませ、詐取するという手口である。

何の疑いも持たず指示どおりにボタンを押していた被害者は、自分のやっていることが相手への「振り込み」行為になっていることにも気がつかなかったという。

詐欺事件が頻発してATM機の周辺にも警告文が種々書かれているが、それさえ目に入らなくなっている人もいる。銀行の人に注意を促されても、「すぐに振り込まなければ」と必死になっているシニアもいる。だから、まだまだ被害を受ける人があとを絶たない。

自分は冷静だ、騙《だま》されるほどバカではないという自信は、案外アテにならないことだけは知っておこう。

◈誘い出して空き巣という手口も

平成二十年、全国で発生した振り込め詐欺被害額は約二七六億円。ピークだった十六年の約二八四億円に次いで、過去二番目を記録したそうだ。前年比でプラス一四・二％。それだけ、騙される人が増えたわけだ。平成二十一年になって前年の約三分の一に減少したものの、最近また増える傾向にある。

騙すほうの手口もどんどん巧妙になっている。電話に登場する人物も複数になり、警察や弁護士を名乗るなど、いかにももっともらしい演出もおこたりない。敵もなかなか研究熱心なのである。

振り込め詐欺の被害者の約七割は女性。全体の三割は六十代の女性である。還付金詐欺になると、五十代以降の女性が約六割と、五十代でもひっかかる人が多いとわかる。

詐欺に遭わないための方法は決まっている。どんなに急を要するといわれても、すぐに振り込んだりしないことだ。

まず、息子なり娘なりに直接、連絡をとって確認すること。脅しの電話がかかってきたときも、「とにかく本人と話をさせてください」と粘っていると、相手は面倒くさくなり、あるいは、これはうまくいかないと見切りをつけて、電話をガチャンと切ってしまうことが多いのだ。

どうしても本人と連絡がとれないときは、最寄りの交番や金融機関に相談してみよう。

また、万一振り込んでしまってから詐欺だと気づいたときは、「振り込め詐欺救済法」により、犯罪に使われた口座の利用停止を求めたり、被害金額の再分配を受けられる場合もあるので、覚えておくとよいだろう。

この適用を受けたいという場合は、振込先の金融機関に問い合わせると、適用例かどうかの判断や、必要な手続きなどを教えてもらえる。

もっとも、研究熱心な敵は、最近ではバイク便を手配して現金を受け取ったり、レターパックに現金を入れて送れと指示する、非ATM型の手口を考え出している。

さらにこんな被害も、新たに報告されている。

あるひとり暮らしシニアのところに振り込め詐欺らしき電話がかかってきた。用心深いこの人は、手渡しならば相手を確認できるから、詐欺かそうでないか見破れると考え、手渡しにすることを求め、指定された場所に出かけていった。ところが相手は現われない。小一時間ほど待っているうちに、やっぱりおかしいと考え直して自宅に戻ったところ、自宅が空き巣にやられていたというわけだ。

結論をいわせてもらおう。おかしいと思ったら、「110番」に電話をかけ、対応を相談することだ。あるいは知り合いの誰かに相談してみる。とにかく、電話を受けてすぐに行動に移さないことが大切なのである。

いったん電話を切ると、詐欺師はほとんどこの段階で「ヤバイ!」と感じて、手を引くそうだ。

❖高齢者専用の賃貸住宅をご存じですか

自宅住まいのひとり暮らしシニアならば、ところどころ補修しながら何とか老後も自分の家に住み続けることができる。

問題は、賃貸住宅やマンション・アパート住まいの場合である。賃貸では何年かごとに更新の時期がめぐってくる。これまでは高齢のひとり暮らしだと、新規の入居が難しいばかりでなく、更新を拒絶されるということもまれではなかった。

家主側にしてみれば、高齢者のひとり暮らしは火の管理が心配など、危険がいっぱいだからだ。

だが、最近は高齢者専用の賃貸住宅、いわゆる「高専賃」がどんどん建てられている。

高専賃は介護つき老人ホームとは違い、まだ身体がある程度は動き、自分のことは自分でできる高齢者を対象にした住まいである。システム的には一般の賃貸住宅と同じ。だが、手すりの設置などのバリアフリー、高齢者対応の設備が整っているところが多い。何よりいいのは、高齢だからといって入居を拒まれない点である。

住んでいる人もみな高齢なので、食事の提供や洗濯・掃除などの家事、心身の健康管理を行なっているところも少なくない。

みんな時間がたっぷりあるシニアだから、花見や紅葉見物などの行事を催しているところもあれば、住人どうしの交流も盛んである。

最近は、介護というほどではないが、入浴や排泄の世話をしてくれる、プレ介護つき老人ホームのようなところも出現している。

高専賃に関する情報は、財団法人　高齢者住宅財団（☎03-3206-6437）のホームページ（http://www.koujuuzai.or.jp）から手に入る。

❖ひとり暮らしに適正のサイズの家に住む

シングルを貫いてのひとり暮らしならば、以前も現在もだいたい、ひとり暮らしサイズの住居に住んでいるはずだ。問題は、大家族だったのが、いつしかひとり暮らしになっていたという人だろう。

最盛期は三世代の総勢七、八人暮らしだったたというような家だと、二階や三階建てで、いまでは使っていない部屋がいくつもあったりする。

すると不思議なもので、誰も使っていない部屋にもほこりはたまり、ときどきは風を通したり掃除をしたりと、それなりの手間がかかる。そのうえ各部屋には不要なモノがぎっしりと詰め込まれていたりする。

モノにも命はある。まだまだ使えるものを、開かずの間にしまい込み、文字どおりのデッドストックになっているとしたら、もったいない。

そうした意味からも、ある年代になり、ひとり暮らしを続けるならば、思い切って適正サイズへと移り住むことも考えてみよう。

知り合いの弁護士はかなりの豪邸を建てたが、五十代を過ぎて、二人の子どもが独立したころから、この豪邸を持てあますようになってきた。そんなとき、思いがけなく奥さんがガンになり、半年ほどで先立ってしまった。

それを機に、彼は思い切って豪邸を処分し、住み慣れた地域にひとり暮らしサイズのマンションを買って住んだのである。

移り住むことになったマンションのスペースは、それまでの住まいの三分の一以下。結果的に、家具などそれまで使っていたモノの大半は処分せざるを得ず、おかげで身辺がすっきり身軽になった。

キッチンも狭くなったから、冷蔵庫も小容量のものに買い換えた。考えるまでもなく、ひとり暮らしなのだ。それほど食べ物をストックしておく必要はない。ストックがないほうが毎日のように買い物に出かけるから、いい運動にもなるし、その日に自分が食べたいものを気分にまかせて買ってくる喜びも味わえる。

このように、暮らしのスリムダウンは、快適なひとり暮らしのための「知恵ある一歩」になることが多いのである。

❖「気前のいいおじさん・おばさん」にはならない

シングルのままでシニア世代になった人の中には、若いころから甥・姪などをわが子のようにかわいがってきた人も少なくない。

小さいときの絵本やおもちゃはいうまでもなく、成長するにつれ、会うたびにおこづかいをあげてきた。現役のうちは甥や姪と食事をすれば当然のようにこちらが支払い、社会人になったあとも長年の習慣から「お給料、まだ安いんでしょう」などといって、おこづかいを出したりする。

最近の子どもたちは、親からもけっこう甘やかされて育ってきているから、おこづかいを出されれば平気で受け取る。彼らから見れば、子どものときから「気前のいいおじさん・おばさん」というイメージを持っている。そのイメージは、そう簡単には変わらない。

だが、これまで話してきたように、ひとりで人生の最後までちゃんと生きていくことは厳しいのだ。目を見張るような財産でもあれば別だが、一般的には年金だけでは少々手元が苦しいという人が大半だろう。いつまでも「気前のいいおじさん・おばさん」をやっていくわけにはいかない。

たいして余裕があるわけではないのに、親戚の子におこづかいを差し出す気持ちのどこかには、寂しさを埋め合わせたい気持ちが潜んでいることにも注意したい。人は誰だって、おこづかいをもらったときはニコニコと笑顔を向けてくれる。その笑顔にすがる気持ちがまったくないといえば、ウソになるだろう。

ある老婦人が話していた。

「年をとっても交際費がけっこうかかるのよ」

彼女がいう交際費とは、ときどき息子一家にご馳走するほか、孫の誕生日、クリスマスの贈り物、お年玉などで出ていく費用だ。彼女にはお孫さんが六人いるから、その方面の交際費がきっとバカにならないのだろう。

ひとり暮らしならば、割り切ればこの種の交際費は必要ない。その代わり、子どもや孫がいる人のように、「彼らの世話になる」という選択肢は残されていない。この点も胆に銘じておくべきだ。

そうかと思えば、Kさんのようなケースもある。子どもがいないKさんは、若いころから、親戚の子どもにおこづかいはおろか入学だの七五三などの祝い事にも、「お祝い金は出さない・贈らない」の精神を貫いてきた。自分に子どもがいないのだから、一方的にあげるだけになるというのだ。

親戚づき合いは、けっしてギブ&テイクの同等なやりとりでなければいけないというわけではないが、この考え方にも一理ある。

少なくとも、現役の仕事を退いて収入が限定的になったならば、不要不急の出費を控えてはどうだろうか。その一つが親戚づき合いに代表される交際費だ。法事だ結婚式だと気前よくお金を包んでいたら、多少の蓄えはあっというまに減ってしまう。

交際費をゼロにしろというわけではないが、格別に気前よくする必要はまったくない。かなり控えめにして、「気持ちだけだけど」というような親戚づき合いに移行していく発想が必要なのかもしれない。

第六章　病気や介護の準備を忘れない

❖ 健康づくりを日々の楽しみに変える

近くの公園は早足で一周すると三十分ぐらいかかる。毎朝、公園二周のウォーキングを始めたKさんは、不思議なことに気づいた。

たくさんの人が毎朝ウォーキングしているのだが、たいていの人はわき目もふらず、ただまっすぐ前を向いて歩いている。まなじりを決し、両手を大きく振ってひたすら歩く姿は、まるで修行僧のような印象さえ与える。

「これでは、もったいない」というのがKさんの実感だった。公園には季節の花をつけている木々も珍しくないし、花をつけない木々も春先には枝先に新芽が芽吹き、それが日に日に葉を広げていく。そうした様子など、いくら見ていても飽きることがないそうだ。

健康によいウォーキングには、早足で歩くなど、それなりの決まりがあるのかもしれない。「でも……」とKさんは思う。「人には心の健康も大事なのでは」と。

精神科医でエッセイストとしても活躍しておられた故・斎藤茂太氏は毎朝、自宅から病院まで歩いて通っていたそうだ。まっすぐ歩けば十五分ぐらいだったが、ちょっと遠まわりして、近くの小さな山を越えて小一時間ぐらい歩く。かなりの高齢だったから、ときには、このウォーキングをちょっと気が重いと感じることもあったようだ。だが茂太氏は、この日課を楽しみに変える秘策を講じていた。その秘策が定点観測だ。

小さな山道に、お気に入りの一本の木を見つけ、毎朝その木のところで一瞬立ちどまるのだ。ときには、木の枝や幹に触れてみたりする。

「毎日、それほど大きな変化があるわけじゃないだろうに」と思う人もいるだろう。しかし、春先などは本当に毎日わずかずつだが、はっきりとした変化を見せる。昨日は固く閉ざしていた新芽が、翌日は少しやわらぎを見せており、その次の日には少し開きかけていたりするのだ。

「自然とともにたくましく生きているその様子に、何度、元気をもらったかわからない」

茂太氏はそう書いていた。

健康づくりに取り組むことは素晴らしい。だが、そこに楽しみを盛り込めば、気持ちをもっと元気にできる。

思いがけず脳梗塞《のうこうそく》の発作に襲われた、ひとり暮らしのシニアがいる。さいわい発作は軽いものだったけれど、後遺症のために片足をひきずるようになってしまった。

この人は、ホノルルマラソンに出場しようという目標を立てた。ホノルルマラソンにはいろいろなコースが用意されていて、十キロを歩くというコースもあるのだ。

彼は三年後、この十キロを歩くコースを歩き切ることを目標にした。同じリハビリをするのでも、こうした目標があると励みになる。苦しいはずのリハビリが、なんだか楽しいものに思えてきたそうだ。

三年後、初めてハワイの地を踏み、しかも十キロを完歩できた。

馬にニンジンではないが、楽しい目標を立て、それを目の前にぶらさげると、毎日の健康づくりを大きな楽しみに変えられるはずだ。

◈かかりつけ医は、健康の「駆け込み寺」

ひとり暮らしのシニアにとって、最大の気がかりは健康だろう。

最近は、ちょっとした不調の場合でも、バスや電車を乗り継いで大学病院に行く人も少なくない。だが、それができるのは皮肉なことに、それだけの体力も気力もあって、ある程度元気なあいだだけである。

人間なんて情けないもので、風邪をひいて三十八度ぐらいの熱があると、どこか朦朧《もうろう》としてきて、とても遠くの病院まで出かける気にならない。そうこうしているうちに悪化して肺炎になり、救急車のお世話になった人もいる。

風邪や腹痛などのちょっとした異常なら近所の医院に行き、よさそうな先生に当たれば、その医師をかかりつけ医にしたほうがよい。できるだけ同じ医者に長くかかるようにすると、自分のデータが積み重ねられていく。医師との人間関係も深まるから、ちょっと気にかかる場合も、気軽に相談できる。

かかりつけ医を健康に関する「駆け込み寺」にすればよいのだ。駆け込み寺になる医者には、診察の際に自分がひとり暮らしだということも伝えておくといいだろう。

小さな診療所の医師も、必ず大きな病院とのパイプを持っている。重大な病気になったり、その可能性があるときは、適切な病院への紹介や入院手配をしてくれたりもする。

あるひとり暮らしシニアは、家族がいれば自宅で治療可能な程度の症状だったが、かかりつけの医者が、「おひとり暮らしでしたよね。それなら少しのあいだ、入院したほうがいいでしょう」といって、入院先を手配してくれたという。

いざ入院となったとき、過去のデータを渡してもらえることも、かかりつけ医でなければできないことだ。これは本当にありがたい。

「いざとなれば、救急病院に行くからいいよ」という人は、最近の医療事情についてちょっと勉強不足だ。救急車を呼んでも、受け入れ先の病院がすぐに見つかるとはかぎらない。いくつもの病院に受け入れを断られたという話は、けっして他人事ではないのである。

高血圧や糖尿病などの持病があって日頃から医者に診てもらっている人ならば、必然的にかかりつけ医が決められる。問題は「丈夫が取り柄」という人だ。ふだん医者にかかる機会がないから、かかりつけ医などいない。

こういう人は年に一度、健康診断を受けるつもりで近所の医師にかかってみよう。いくら丈夫な人でも、五十年も六十年も使い続けてきた身体なのだから、どこにガタがきていてもおかしくない。毎年きちんと健康をチェックしてもらえば、だんだん顔なじみになり、結果的にかかりつけ医になっていく。

かかりつけ医というのは、意志的に取り組み、つくっていくものなのである。

❖突然の入院や手術には事前準備が意外に重要

「できるだけ、ひとりの力で生きていきたい」というのが、七十歳のシングル男性Uさんの口グセだった。ごく若いころに短い結婚生活があったそうだが、そのことはほとんど口にしない。子どもも、いたのかもしれない。

七十歳ぐらいになれば、誰の人生にもいろいろ過去があるはずだ。本人もまわりの人も、それとなくそれを察しながら、話題にはしない。そんな心配りができるようになるのも、人生の年輪が厚みを加えてからのことだ。

Uさんの暮らしは端で見ていても胸がすくようだった。小まめに家事をこなし、自己管理をしっかりやっている。いつ見かけても背中をすっと伸ばして大きな歩幅で歩いていたが、暮らしもその姿勢そのままで、まるで乱れが感じられない。

だが、そんなUさんが、最初にぶつかった壁が病院だった。

ある夜、急に激しい腹痛に襲われ、タクシーに乗って大学病院の救急外来に行くと、「すぐに入院してください」と思いがけない展開になった。腸閉塞だったのだ。

入院といわれても、腹痛に襲われて着のみ着のままでやってきたのだ。寝間着は病院指定の病衣を着る決まりだったが、洗面道具にスリッパ、タオルなどこまごまとした必需品を誰が揃えるのか。

もっと困ったのは入院保証金の支払い、誓約書の提出、さらに内視鏡検査だ、手術だということになって、本人と生計をともにしない家族の署名、捺印を求められたときだ。

手術当日も、病院は当然のように「ご家族は？」と聞いてくる。術後の説明を家族にしなければならないと思い込んでいるのだ。

今後はきっと変わっていくだろうし、そう期待したいのだが、はっきりいって現段階の社会は、「ひとり暮らし」を想定していないと考えておいたほうがいい。

病院側も入院費を踏み倒されては大変だ。また、術前術後に、家族にしっかりと説明しておかなければ（本人は熱にあえいだり、苦痛にうめいたりするのだから）、あとで何かが起こったときにトラブルの原因になる。そんな病院側の懸念もわかる。

だが、現実にひとり暮らしの高齢者はどんどん増えているのである。

では、どうすればいいのだろうか？　結局、現段階では、元気なうちにこうした場合の善後策を講じておくほかはない。

親が亡くなると、兄弟姉妹の交流も数年に一回程度の法事ぐらいになるケースも少なくない。だが、そんな兄弟姉妹でも、いるだけいい。「入院などの必要時には保証人になってほしい」と頼んでおこう。

そのつど、足を運んでほしいといわなくてもいい。了承をとりつけておき、「あとはこちらで」と適当にやってしまう。誰かに署名してもらい、その辺で手に入れた印鑑を押して提出する。書式さえ整っていれば、それでＯＫなのである。

だが、身のまわりのものを整えたり、病院によっては十日に一度ずつ支払いをするというシステムのところもある。それらはやはり、日頃親しくしている友人や知人のお世話になるほかはない。

ひとり暮らしを続けたいなら、いざというときにわがままをお願いできる人を二、三人確保しておく必要があるといえるだろう。

❖家族代わりの「みまもり家族制度」

保証人が必要なのは、入院のときばかりではない。老人福祉施設に入居する場合にも、それ以前にアパートやマンションに入居したいという場合も（先に紹介した高専賃に入居する場合も）、必ず身元保証人が必要になる。

身元保証人のほかにも、ひとり暮らしシニアには、「こういうときに誰かがいてくれれば」と思うことがしばしばある。たとえば、老人福祉施設を見学するとか、介護認定の立ち会い、施設への入所・移動、通院時のつき添いや送迎、入院・入所中の外出介助、さらには、入院・入所中の支払い代行、買い物や洗濯代行などだ。

こうしたいろいろのサービスを家族のように見守り、自立のためのサポートを幅広く提供しているのが、「みまもり家族制度」である。

これは公益財団法人「日本ライフ協会」による制度で、サービスメニューは多岐にわたり、家族の立場になって行なう生活支援（通常支援と専門支援に分かれる）のほか、人生の最期も自分で締めくくりたいという人のために、死後の葬儀、納骨など、終身にわたるメニューも用意されている。

「援助とか支援というと、とかく暗いイメージがつきものだが、そうではなく、支援をあたたかく素敵なことにしていきたい」というのが制度の主旨だという。

ひとり暮らしシニアにとってはどうしてもほしかった、まさに待望の制度といえるのではないだろうか。

ただし、それなりのコストは必要だ。一般プランでは、入会時に預託金として、終身の身元保証料三六万円など、計九〇万円が必要になる。さらに、緊急時支援や葬儀・納骨などのサービスを希望する場合は、三〇万円の預託金が必要になる。

サービスのプロによる「家族の代わり」のサポートを受けられるとなれば、このコストはひとり暮らしシニアの必要コストだと考えるべきかもしれない。

「日本ライフ協会」は平成十四年創立。現在、東京・大阪・名古屋・福岡・仙台をはじめ、全国各地で事務所を展開している。事務所が最寄りにない地域でもサービスは受けられる（連絡先は☎０１２０‐１３７‐１６５）。

❖公的な支援制度もある①　地域福祉権利擁護事業

「自分がしっかりしていなければ」と思うためか、ひとり暮らしシニアにとっての落とし穴は、いつまでも自分を過信しがちなことだろう。年をとったからでなくても、人間は誰でもうっかりすることがある。判断力が低下したときの危機回避は考えておきたい。

高齢者が、判断力が低下したという場合にも、社会的な不利益をこうむらないようにサポートする公的制度もある。

一つは、地域福祉権利擁護事業、もう一つは成年後見制度である。

地域福祉権利擁護事業は、高齢者などが判断能力の低下した場合にも住みなれた地域で安心して自立した生活が送れるように、福祉サービスを利用する際の援助などを行なう制度だ。

自治体にもよるが、一般的には次のようなサービスを提供している。

①福祉サービスの利用援助

・福祉サービスを利用したり、利用をやめるために必要な手続き

・福祉サービスの利用料を支払う手続き

・年金などの受領に必要な手続き
・医療費、税金、社会保険料、公共料金などを支払う手続きなど

②日常的金銭管理サービス

・税金、医療費などの支払いにともなう預金の払い戻し、預金の解約、預金の預け入れの手続き

③書類などの預かりサービス

・年金証書、預貯金の通帳、権利証、契約書類、保険証書、実印、銀行印などの書類・印鑑などを預かる

必要な費用は、福祉サービスと日常的金銭管理サービスの利用サポートは一回一〇〇〇円ぐらいから。書類などの預かりサービスは月額二五〇円ぐらいから（自治体によって異なる）。相談やサポート計画の作成などは無料で受けられる。相談の窓口は、地域の社会福祉協議会など。民生委員が窓口になる場合もある。

❖公的な支援制度もある②　成年後見制度

成年後見制度は、判断力の衰えた高齢者などを保護する制度だ。平成十二年に、介護保険とともに高齢者サポートの二本柱の一つとして導入された制度である。

介護保険利用に際しての契約や施設の入退所、財産管理などから、さらにひとり暮らしの高齢者が悪徳商法に騙されて高額な商品を買わされてしまわないように守ってくれたりもする。

成年後見制度には「法定後見制度」と「任意後見制度」の二つがある。「法定後見制度」は従来の禁治産者に通じる制度で、判断力が衰えたあとに家族などの申し立てによって適用される制度。ひとり暮らしシニアが知っておきたいのは「任意後見制度」のほうだ。

こちらは、将来の判断能力が不十分になった場合に備えて、あらかじめ自分が選んだ代理人（任意後見人という）に財産管理の代理権を与える契約を公正証書で結んでおき、必要が生じたときに必要な支援・保護を受ける制度。支援活動については、家庭裁判所が監督している。

受けられるサービスには「財産管理」と「身上監護」の二つがある。

【財産管理】

・不動産などの管理、保存、処分など
・金融機関との取引＝年金や不動産の賃料などの定期的な収入の管理やローン返済、家賃の支払い、税金、社会保険、公共料金などの支払い
・生活費の送金や日用品の買いもの
・生命保険の加入、保険料の支払い、保険金の受け取り
・権利証や預貯金の通帳の保管など

【身上監護】

・本人の住まいの契約締結・費用の支払い
・健康診断などの受診、治療、入院費の支払いなど
・医師からの説明に同席する
・介護保険などの利用手続き

・リハビリテーションなどに関する契約締結・費用の支払い
・老人施設などの入退所、介護サービスなどの情報収集、費用の支払いなど
・介護サービスのチェック、異議申し立てなど

ただし後見人は、賃貸借契約の保証人、入院などの保証人、手術の同意などはできないとされている。

利用料金としては、公正証書の作成などに三万円程度の費用がかかる。利用についての詳しい相談は、地域の成年後見センター、公証役場などに問い合わせるとよいだろう。

◈介護保険は積極的に利用する

介護保険はすっかり浸透した感があるが、ひとり暮らしシニアの場合は、導入のタイミングがよくわからないという人が多いようだ。

その最大の理由は、「介護は他人事」だと思い込んでしまっている点だろう。

もちろん、介護と無縁のまま生涯を過ごせればよいのだが、そううまい具合にはいかない。年齢とともに衰えてきたら、意地を張らずに、介護保険を積極的に利用する柔軟な姿勢も必要である。

そうした意味も含めて、介護保険について、おおよその知識は持っているべきだろう。

介護保険は四十歳以上の国民すべてが加入しなければならないとされており、保険料の支払義務が生じる。介護サービスを受けるのは原則的には六十五歳以上の高齢者で、介護が必要と認定された場合には、必要とされる介護サービスを受けることができる。ただし、利用には要介護度に応じた段階がある。保険でカバーされている介護サービスを受けた場合、費用の一割は自己負担となる。これが介護保険の概略である。

介護保険を利用したいと思ったり、医師などからそのようなアドバイスを受けた場合は、まず自治体の介護保険課や地域包括支援センターなどに「要介護認定」の申請をする。

要介護認定の申請をすると、調査員が自宅を訪れて本人に問診し、心身の状態をチェックする。訪問日はもちろん事前に連絡がある。このとき、調査員に伝え忘れがないように、日頃困っていること、ちょっとあやしくなってきたことなどがあれば、メモにまとめて用意しておくといい。

この訪問調査の結果をコンピュータに入力し、一次判定が行なわれる。この結果に、主治医の意見書を合わせたものをもとに介護認定審査会が開かれて二次判定が行なわれ、要介護度が決定されて申請者に通知される。

要介護度は「要支援」1・2から「要介護」1〜5までの七段階に分かれている。

「要支援1」で月額四万九七〇〇円。以降、段階的に在宅でサービスを利用する場合の支給限度額が決められており、最高の「要介護5」で、三五万八三〇〇円のサービスが支給される。

ただし、介護保険は現物支給制で、一般的には支給限度額をめどに必要なサービスを組み合わせて介護メニューがつくられる。このメニュー作成には、ケアマネージャーなどがあたってくれる。

詳しいことは、実際に介護保険の導入を検討するときに、地域包括センターや自治体の介護保険課に照会すればいいだろう。

だが、介護保険適用年齢の六十五歳になったら、地域包括センターや自治体の介護保険課などに行き、地域で受けられるサービスメニューに関する情報を手に入れておこう。昼食を届けてくれる配食サービスから、ひとり暮らしシニアの話し相手になってくれるボランティアなど、多彩なひとり暮らしシニアをサポートするメニューが揃っている自治体も多いはずだ。

❖ 孤立老後になるな！ ボランティア活動に参加する

「老後もひとりで生きていく」という決意は立派だが、ひとりを貫こうとすると、気がつくと孤立老後になってしまうケースがある。

これまでも、自立と孤立はちがうということには触れてきたが、とくに介護問題が視野に入ってくる年齢になったら、孤立しないように自分でも努力する必要がある。

ぜひおすすめしたいのは、ボランティア活動をすることだ。いろいろなボランティアがあるが、ぜひ視野に入れておきたいのは、ひとり暮らしシニアの先輩を支えるボランティアである。

ひとり暮らしシニアのところに行って話し相手になるとか、介護利用のサポーターになるとか、シルバー人材センターに登録しておき、家事支援や病院通いや買い物のサポートをするなど、多彩なメニューがある。

地域によっては、こうしたボランティア活動をポイント化してためておき、自分がサポートを必要とするときになったら、そのポイントを利用できる制度になっているところもある。

誰でも年をとれば、大なり小なり人の力を借りたいことが出てくる。そのときのために、自分ができるあいだに人のサポートをしておく。自分がやってほしいことを前倒しして、「ためておく」サポートの預金制度ともいえるものだ。こうした仕組みは今後さらに広がっていくと思われる。

ひとり暮らしシニアのサポートをすると、自分の将来の生活や姿を先取りして知ることができ、それだけ備えも具体的にしやすくなる。介護保険の仕組みなど

について も自然に詳しくなるし、ボランティア仲間の連携にも組み込まれる。こうした人と人とのつながりを持つようになると、必要以上に心細さにおびえたりしなくなるだろう。

人と人のつながりに組み込まれていると、いっそうしっかりと自立できるようになるのである。

❖介護を受けるのは、恥ずかしいことではない

ひとり暮らしシニア、とくにしっかりと自立して何でも自分でやってきた人に、最後に待ち受ける大きな関門がある。それは、要介護になった自分をなかなか受け入れられないということだ。

さすがに最近はそういった人は減ってきたが、以前は「他人さまのお世話にはならない」といい張り、介護者の介入を拒む人も少なくなかった。

だが、ものは考えようなのである。受け入れるべき介護は感謝して受け、そこ

で余分なエネルギーを使わなかった分、まだ自分ができることにエネルギーを使うほうがずっと自分を生かせるのである。そのことに気づくべきではないだろうか。

Yさんは、大手の出版社で何冊ものベストセラーを出した敏腕編集者だった。五十代を前に独立。大手出版社では実現できない、自分が本当に世に出したい出版物をコツコツ手がけていきたいという夢に向かって一歩を踏み出した。

だが、好事魔多し《こうじま》というべきか、彼の夢が少しずつ形になってきたころに、脳出血で倒れ、半身不随になってしまった。さいわい頭の働きには何の支障もなかったが、言語障害も残り、スタッフとコミュニケーションする力が大きくそがれた。

まだ若かったこともあり、苦悩の日々が続き、引きこもり同然の生活を送った。だが、彼は最終的には有料の介護施設に入所し、そこから車椅子のまま移送してもらえる介護タクシーを使って、仕事復帰の道を選んだのである。

会社には奥さんが自宅から通ってきて、日中の彼の介護をしてくれる。夜も自宅で過ごせば、奥さんを昼夜介護づけにしてしまう。まだ学校に通う二人の子どもの世話もある。そこで夜間の自分の介護をプロにゆだねて、奥さんを介護づけにしない方法を選んだのだ。

企画会議などのスタッフとのコミュニケーションはパソコンに打ち込んだ画面を通してやり、原稿チェックなどのデスクワークは健常なほうの片腕でこなす。

こうして、一時はどうなるものかと心配された彼の会社は存続し、いくつかのヒット作も生み出している。

何事も肩肘張ってがんばりすぎないこと。これが、ひとり暮らしを長続きさせる最大のポイントだということは、これまでにも話してきた。とくに要介護になったならば、腹をくくって、「介護を堂々と受ける覚悟をする」という精神が大切なのである。

その代わり、介護保険は権利だからという態度もとらないようにしたい。「同じお世話をしても、ニコニコと介護を受け入れ、何かをやってあげるたびに『ありがとう』といわれると、どんなことでもしてあげたくなるものよ」というのは、あるベテランヘルパーの弁だ。

感謝の気持ちをちゃんと言葉に出して相手に伝える。これは介護を受ける名人になるための、最高の秘訣といっていいだろう。

そして、介護を受けずにがんばって、エネルギーを使い尽くすのではなく、自分ができることにエネルギーを最大限注ぐようにする。高名な学者やYさんのような有能な編集者ではなくても、誰だって、「自分はこれが得意」というものを持っている。その得意なもののうち、まだできることにエネルギーを注ぐのだ。

そんな生き方が、人生の晩秋をいっそう意味あるものにしていくのだと思う。

◈遺言よりも必要な「エンディングノート」を用意する

ひとり暮らしのシニアが突然倒れて、意識不明になったような場合、まわりの人がいちばん困るのは、当人がどのような処置を望んでいるのか見当がつかないことだ。

「ひとり暮らしの人は遺言書を残しておくべきだ」とよくいわれる。だが、それ以上にしっかり書いておくべきなのは、突然のケガや病気で倒れたようなとき、あるいは自分の意思をはっきり伝えられなくなったときに、「どうしてほしいか」についてだろう。

たとえば、認知症になった場合にはどうするつもりか。老人施設に入る場合には、どんな施設を望むのか。その経済的な背景は？　重篤な病気になった場合、延命治療をしてほしいかどうか。万一の場合の連絡先は？　などがある。

こうしたことを書いておく書類に、遺言書に対して「エンディングノート」と呼ばれるものがある。

「エンディングノート」に書くのは主として次の二点だ。

・絶対にしてほしくないこと（脳にひどいダメージを受けて意識がなくなった、意識が戻っても植物状態になる可能性が高い、というようなときには延命治療は絶対にしてほしくないなど）

・してほしいこと（意識がなくなっても戻る可能性がある場合は、できるかぎりのことをしてほしいなど）

また、認知症になった場合にはどうしたいか（施設に入るなら、どんな施設に入りたいか。連絡してほしい人と、子どもの連絡先など）も書いておく。

エンディングノートは、書店や文具店でも購入できるし、インターネットからもダウンロードできる。特定の書式でなければならないわけではないが、だいたいは以下の項目で構成されているから、市販のノートに自分なりに書いてもいいだろう。

1. 自分自身を振り返る

▼自分自身について……出生から、両親・兄弟姉妹など家族のこと（住所リストも書いておく）、仕事の経歴、仕事上の功績・受賞歴などがあればそれも書く

▼人生を振り返る……いままでいちばん楽しかったこと、いちばんつらかったこと、とくに深く思い出に残っていること、これからの展望など

2. 身辺整理＝現在の状況が把握できることを書く

▼既往症やかかりつけの病院・医師の連絡先など

▼お金や大事なものの保管場所

▼本などの寄贈先の希望があれば、それも書いておく

3. リビング・ウィル

▼病名・余命の告知を希望するかどうか

▼延命治療を希望するかどうか

▼介護を誰に頼むか

4. 死について

▼死についての基本的な考え

▼希望する死の迎え方（自宅で、病院でなど）

▼葬儀についての希望（宗教・戒名・祭壇など）

▼墓について（家族にまかせるか、散骨や自然葬を希望するかなど）

▼自分の死を伝えてほしい人のリスト

▼遺影に使う写真を用意して、ネガやデータファイルなどをつけておく

5. 家族など愛する人へのメッセージ

▼配偶者へのメッセージ

▼家族へのメッセージ

▼親族へのメッセージ

▼友人・知人へのメッセージ

この「エンディングノート」は日頃から、自宅に置いておく。

ある人の場合は、玄関を上がってすぐのところに電話があり、その電話の下に「私に何かがあったら、電話台の引き出しを開けてください。エンディングノートが入っています」とメモが置いてあった。

こんなケースもある。外出先で突然倒れ、意識不明になった人がいた。救急車で搬送された先で、身元を知るために所持品のカバンを開けると、中にあった手帳の表紙を開いたところに、大きなはっきりした字でメモが書いてあった。(自分に何かが起こったときには、自宅のパソコンを開き、デスクトップの「エンディングノート」というファイルを開いてください。パスワードは、パソコンの裏に張ってある白い紙をはがすと、その裏に書いてあります)

そのエンディングノートには、延命治療は不要ということから、万一の場合には葬儀も墓も不要とあった。〇〇園の樹木葬を契約してあるので、手数をかけるが、遺骨はそこに散骨してほしいこと。さまざまな後処理をしたあとに残ったお金があれば、ユニセフなど、世界の恵まれない子どもに寄付をしてほしいなど、すべてがこまごまと書いてあった。

このように、パソコンに「エンディングノート」を保存しておくのも、いかにも新時代のひとり暮らしシニアらしい方法かもしれない。

❖残して迷惑をかけるものは処分する

「ＰＰＫであっさりおサラバしますよ」と開き直ったような言い方をする人は多い。たしかに、ＰＰＫ（ピンピンコロリ）で人生を締めくくるのは誰もの理想だ。だが、実際にそうなれるかどうかは、誰もわからない。

そんな最期を迎えた場合でも、誰かがあなたの人生の後始末をするようになる。そのとき、できるだけ整理しやすいよう、余分な手間や心労をかけることがないよう、身辺の処理はしてあるだろうか。

昔の人は、隠居生活に入るときに小ぢんまりとした隠居部屋をつくったものだった。そして、そこに移り住むとき、それまで手元にあったものを大幅に整理した。

隠居生活になれば、生活も縮小される。気の張るところに出る機会も減る。そうした暮らしを見込んで、若いときから慣れ親しんできたものでも、潔く他人に譲り渡したり、若い使用人などに使ってもらうようにした。こうしてモノを死蔵しないことも、老後を控えた人の暮らしの知恵の一つだったのだ。

Aさんは子どもが巣立ち、予想外だったが妻までもあっけなく先立ってしまった。そのあと、しばらくは人生に前向きに取り組む力を取り戻せなかった。

これではいけないと思いついたのが、昔でいう隠居住まいをつくることだった。妻と二人で暮らしていた家は老朽化していたのでとり壊し、それまでの二分の一程度の小さな住宅を建てた。そして、この際とばかり、これからの暮らしに本当に必要なものだけを残し、すっきりスリムな生活に切り換えた。

ごく普通の暮らしをしてきたつもりだったが、古い家には驚くほど大量の生活用品が詰め込まれていたようだ。

「あのまま暮らしていたら、それを全部、人さまに整理してもらうことになるところでした」とAさん。もちろん、いまでもギリギリ必要な生活用品はあるが、かつてのボリュームの三分の一以下には減らしたようだ。

Aさんのケースではないが、「立つ鳥、あとを濁さず」という言葉もある。高齢者と呼ばれる年代になったら、身辺によけいなものはため込まないようにしよう。

むしろ、「不要かな」と思ったものはどんどん処分するぐらいで、ちょうどいいのかもしれない。

「いちばん処理に困ったのは手紙と写真でした」

ひとり暮らしの友人が亡くなったあと、住まいの後片づけを手伝った人はこういっていた。どちらも人の心が宿っているような気がして、軽々しく捨ててよいものか、大いに心が揺れたというのだ。

以来、その人は自分がもらった手紙を毎年末に見直し、本当に大事なものだけを残して、申し訳ないけれど……と思いながら、燃やしてしまう。

写真はDVD一枚分に収まるだけ、あるいはアルバム一冊にまとめ、新しい一枚が増えたらどれか一枚を捨てると決めてしまった。

必要以上のモノは持たない、ためない。ひとり暮らしでは、この二つを絶対のルールとしてみたいものだ。

◈財産を国に没収されないように

「遺言書は、山ほど財産を持ってでもいないかぎり不要。だから、自分には縁がない」と思っている人も少なくない。

だが、身寄りのないまま老後もひとりで生きてきた人は、額の多少にかかわらず、しっかり遺言書を書いておくべきだ。そうでないと、寂しいときもつらいときも懸命に働いて残したお金が、自分の意思とは無関係に処理されてしまう。

法的には、シングルの人の遺産は、すでに両親が亡くなっていれば兄弟姉妹に相続される。兄弟姉妹も亡くなっている場合は、その子（甥・姪）に行く。

問題は兄弟姉妹もいない、ひとりっ子。つまり、法定相続人がいない場合だ。

こうしたケースでは、財産は国家に没収される可能性も少なくないのだ。国家の財政に吸収されてしまえば、一生かけて残したものが跡形もなく消えてしまうのも同じだ。

「死んでしまったあとだもの、どうなってもいい」という人は別だが、多くの人は「自分が働いて得たお金だから、死んだあとも自分の思うとおりにちゃんと生かして使ってほしい」と望むのではないだろうか。

そうした望みをしっかりと伝えるためには、遺言書が必要になってくる。たとえば、世界の恵まれない子どもに寄付したいというような場合、口でいい残しても、遺言書がなければ法定相続人の手に渡るのをどうすることもできない。

遺言書には「自筆証書遺言」「公正証書遺言」「秘密証書遺言」の三種がある。秘密証書遺言は家庭裁判所の検察手続きが必要というもので、かなり特殊なものになる。

最も一般的なのは自筆証書遺言で、これは自筆であること、作成した日付が明解であることの二つが条件だ。たとえば、六十歳の誕生日に遺言書を書き、それから、誕生日のたびに見返し、必要に応じて書き換えるようにしてはどうだろうか。

もう一度断っておくが、パソコンを使ったものに自筆のサインをしても無効になってしまうので、注意したい。

また、「恵まれない子どもに寄付してください」というような漠然とした書き方ではなく、「子供地球基金（連絡先〇〇〇）に寄付してください」とか、「国境なき医師団（連絡先〇〇〇）に寄付してください」のように、寄付する先を具体的に書き、連絡先も明記しておくといい。

ひとり暮らしの場合は、書いた遺言書をどこにどう保管しておくかも大きな問題だ。

「私の財産はすべてNPO法人〇〇〇に寄付します」という内容の遺言書を、兄弟などに預けておいたとしよう。しかし、遺言書を預からなかったことにして（遺言書の存在を隠し）、あなたの残したものを手にしてしまうという可能性はけっしてなくはない、と思っていたほうがいい。

その心配がないのが公正証書の遺言だ。公証役場で遺言書を作成してもらい、遺言も公証役場で保管してもらうという方式である。ひとり暮らしのシニアの場合、この公正証書遺言を作成している人もかなり多い。

公正証書遺言を作成する場合は、最低二人の証人とともに公正役場に行き、公証人に遺言したい内容を話す。この内容にもとづき、公証人が遺言書をまとめ、本人の承認を得た遺言書は公証役場に保管される。

この遺言書をつくるときは、不動産、預貯金などの内容を明記するために、登記書、実印、住民票、相続人の住民票などが必要になる。

また、遺産の全額に応じて、たとえば、遺産の全額が一千万円までなら一万七〇〇〇円、五千万円までは二万九千円、一億円未満までは四万三〇〇〇円の手数料がかかる。

❖特別な葬儀やお墓は、事前の手続きを

人にしばられず、自由に生きてきたひとり暮らしシニアの話を聞くと、よくこんなことを口にしている。

「死んだら、葬式なんかいらない。骨はその辺にばらまいてくれればいいよ」

だが、日本には埋葬法という法律があり、遺骨や遺灰をその辺にばらまくわけにはいかない決まりになっている。散骨にするには、火葬後、遺骨を「灰」にする費用だってかかるのだ。

ひとり暮らしの人生を全うするなら、葬儀や墓についての希望もちゃんと書き残し、必要な手続きとお金も用意しておこう。

もし、残された人にまかせるとしても、葬式の費用は別に残しておきたい。毎月二千～三千円程度を積み立てておき、必要なセレモニー時に使う「互助会」の会員になっておく方法もある。

自治体の市民葬なら、十万円程度のごく低価格で葬儀を出すこともできる。

葬儀は省き、火葬だけ行なう「直葬《じきそう》」の形式も徐々に増えつつある。ただし、直葬でも経費はゼロではないので、昔からいうように「葬式代（死後の処理費用）」はちゃんと残しておくようにするのが、責任ある人生の締めくくり方といえる。

締めくくり費用は、死亡診断書の費用、お清め代、火葬場までの運搬費、火葬代など、トータルで三十万円から、というところだろうか。

日本の法律では、葬儀をすることは義務づけられていないが、火葬にすることは義務づけられている。また、火葬後の遺骨、遺灰を勝手にまいたり捨てたりすることは禁じられている。

『千の風になって』という歌が大ヒットして以来、墓の売れ行きが落ちて墓石業者が困っているという話を聞いたことがある。たしかに、昔ながらの墓に対するこだわりは減ってきているかもしれない。

大好きだった山の花畑、故郷の川、あるいは大海原に遺灰をまくとか、樹木の下に遺灰をまく樹木葬など、葬送のスタイルもバリエーション豊かになってきている。

これまでのように、仏教や神道、キリスト教などのスタイルで行なう葬儀にはこだわらない自由な葬儀を希望する場合は、「NPO法人　葬送の自由をすすめる会」（☎03－5684－2671）や、海洋自然葬・青空自然葬などを扱う「オリジン研究所」（☎048－430－3508）に連絡してみるといい。

樹木葬も、勝手に野山の木々のもとに遺灰をまけばよいというわけにはいかない。樹木となって自然と共生していきたいなら、たとえば、「千の風みらい園」

（☎０１２０‐０５６‐０４８）などにコンタクトして、必要な手続きをすませておき、そのことを明記して残しておいたほうがよい。

ひとり暮らしの女性が集まって、共同の墓に入る例もある。

現代のひとり暮らしシニア女性の多くは、自らシングルを選んで生きてきた人たちだが、こうした女性たちの中にも、「死後は無縁仏となるのだろうか。それも寂しい」と不安を感じる人が少なくないようだ。

ＮＰＯ法人ＳＳＳネットワークは、シングル・スマイル・シニアライフの三つのＳをキーワードにした、ひとり暮らしシニア女性のための会だ（会員の中には、現在はまだ連れ合いがいる女性もいるという）。作家の松原惇子《じゅんこ》さんが立ち上げた会で、現在会員は約七百人。老後を助け合って生きていこうという主旨のこの会でも、「共同墓」をつくっている（事務局の連絡先は☎０３‐３４９２‐１２５７）。

いまのところ男性専用の「共同墓」ができたという情報はないが、ないなら、そして必要ならば、つくればいい。そうしたアクションを起こすことも、ひとり暮らしの老後を意義あるものにする方法の一つといえるかもしれない。

参考文献

『人生百年 私の工夫』日野原重明著　幻冬舎文庫
『おひとりさまでもだいじょうぶ。』吉田太一著　ポプラ社
『おひとりさまの「法律」』中澤まゆみ著・小西輝子法律監修　法研
『おひとりさまの老後』上野千鶴子著　法研
『達人の老い方』白石浩一　海竜社
『「老い」の作法』渋谷昌三著　成美堂文庫
『老いを見つめる言葉』嶋岡晨著　海竜社
『モノとわかれる！　生き方の整理整頓』大塚敦子著　岩波書店
『少ないモノでゆたかに暮らす』大原照子著　大和書房
『「持たない！」生き方』米山公啓著　大和書房
『人生を楽しむ老い方上手』保坂隆　日文新書
『プチストレスをきれいになくす』保坂隆編著　日本文芸社
『男おひとりさま道』上野千鶴子著　法研
『ひとり老後はこんなに楽しい』保坂隆　ベスト新書
『平常心』保坂隆編著　中公新書ラクレ
『老年の良識』中野孝次著　海竜社
『楽天力』沖藤典子著　清流出版

監修者紹介
保坂　隆（ほさか　たかし）
1952年山梨県生まれ。聖路加国際病院精神腫瘍科医長、聖路加看護大学臨床教授。慶應義塾大学医学部卒業後、同大学精神神経科入局。1990年より２年間、米国カリフォルニア大学へ留学。1993年東海大学医学部講師、2003年より同大学医学部教授を経て、2010年より現職。著書・監修書に、『老いを愉しむ言葉』『人生の整理術』『老いを愉しむ習慣術』（以上、朝日新書）、『「ひとり老後」の始め方』（経済界）、『「頭がいい人」は脳のリセットがうまい』（中公新書ラクレ）、『ゆたかに、シンプルに生きる』（ＰＨＰ研究所）、『「プチ・ストレス」にさよならする本』（ＰＨＰ文庫）、『老後のイライラを捨てる技術』（ＰＨＰ新書）、『小さいことにクヨクヨしない方法124』（廣済堂文庫）などがある。

本書は、2009年７月に経済界より発刊された同タイトルを再編集したものである。

PHP文庫「ひとり老後」の楽しみ方

2012年7月18日　第1版第1刷

監修者　保坂　隆
発行者　小林成彦
発行所　株式会社PHP研究所
東京本部　〒102-8331　千代田区一番町21
文庫出版部　☎03-3239-6259（編集）
普及一部　☎03-3239-6233（販売）
京都本部　〒601-8411　京都市南区西九条北ノ内町11
PHP INTERFACE　http://www.php.co.jp/
組版　朝日メディアインターナショナル株式会社
印刷所
製本所　凸版印刷株式会社

ISBN978-4-569-67850-4